러시아 북극의 인문공간 I

북서부 편

이 연구는 극지연구소 국내 학·연 극지연구진흥프로그램
사업(PE18900)의 지원을 받아 수행되었습니다.

러시아 북극의 인문공간 I

북서부 편

최우익 · 라승도 · 김봉철 · 이양경 지음

한국외국어대학교 극지연구센터
극지연구총서 01

HUiNE

머리말

애니메이션 영화 『겨울왕국 1』에 이어 『겨울왕국 2』가 흥행몰이에 성공했다. 이 영화는 처음에 한스 크리스티안 안데르센의 명작 『눈의 여왕』에서 영감을 받아 제작됐다. 이 영화는 독특한 캐릭터의 매력과 흥미진진한 스토리로 관객을 불러 모았는데, 무엇보다도 이 판타지의 세계로 우리를 끌어들였던 요소 중 하나가 바로 '겨울'이 아닐까 생각한다. 사계절 나름대로 모두 자신만의 특색이 있지만, 겨울은 어느 계절보다도 비주얼이 남다르다. 온천지가 눈으로 뒤덮인 세상을 바라보고 있노라면, 그 속에서 우리는 삶의 무게를 잠시 내려놓고 무엇에라도 홀린 듯 설레고 두근거리는 감정을 느껴봤을 것이다.

그러한 겨울왕국이 판타지로만 존재할까? 우리 곁에 실재하는 겨울왕국이 있다. 바로 북극이다. 북위 90도 북극점 위치에는 대륙이 없고 빙하만 있다. 하지만 우리가 통상 북극으로 정의하는 북위 66도 이상의 지역에는 여러 나라에 걸친 육지와 해안이 있고, 이곳에선 오래전부터 인류가 살아왔다. 스웨덴, 노르웨이, 핀란드, 덴마크, 아이슬란드, 캐나다, 미국, 러시아의 북쪽 영토는 북극의 범위에 들어가며 이들 8개국은 오늘날 북극이사회를 구성하고 있다. 우리나라는 의결권은 없지만, 북극이사회 회의에 참여해 의견을 개진할 수 있는 정식 옵서버 자격을 2013년에 얻었다.

이 책은 바로 세계의 북극 영토 중 가장 큰 면적을 차지하는 러시아 북극을 다루고 있다. 이곳은 한겨울 평균 영하 40~50도까지 온도가 떨어지고 일 년 중 250일은 눈과 얼음으로 덮여 있다. 여름에는 온도가 간혹 20~30도까지 오를 때도 있지만, 조금만 땅을 파 봐도 그 밑은 여전히 얼음덩어리다. 러시아 사하공화국의 북극 마을 오이먀콘은 영하 71.2도까지 떨어진 적도 있다. 그래서 사람들은 이곳을 동토의 땅이라고 부른다.

이곳에서는 이동하기 위해 여름에는 강을 따라 수로를 이용하거나, 아니면 헬리콥터를 타야 한다. 늪지대가 많아 도로와 철도는 중요한 도시 주변에만 단단히 기초 공사를 하고 조금 깔아 놓았을 뿐이다. 하지만 겨울에는 '짐니크(зимник)'라고 부르는 겨울 도로가 뚫린다. 언 땅 자체가 도로의 기초가 된다. 또한, 언 강 위와 호수에도 도로 표지판이 새로 세워진다. 얼었다고 아무 데나 건너서는 안 된다. 겨울에도 필요한 경우 배가 다닐 수 있도록 쇄빙선이 주기적으로 언 강 위에 뱃길을 뚫어 놓기 때문에 정해진 곳으로만 사람이든, 자동차든 강을 건널 수 있다.

이곳에서는 주로 봄에 강과 호수의 범람이 일어난다. 바로 겨우내 쌓인 눈과 얼음이 봄에 한꺼번에 녹으면서 이러한 일이 벌어진다. 이러한 과정에서 늪과 호수의 모양도 매년 달라진다. 이러다 보니 보통의 기술로는 도로를 제대로 건설할 수 없다. 얼었다 녹았다 하다 보니 지반이 불안정하여 때로는 철도가 유실될 때도 있다. 따라서 도로와 철도를 신속하게 복구할 준비는 항상 되어 있어야 한다. 이러한 불안정한 처지이다 보니 북극에서 차를 한두 시간 기다리는 일은 드문 일이 아니다. 한적한 도로에 멈춰 서 있는 차를 발견했을 때 혹시 그들에게 어떤 문제가 있는지 살피는 것은 이곳 사람들의 기본 수칙이다.

여기에서는 여름을 '녹색 겨울(зеленая зима)'이라고 부른다. 여름은 색깔만 녹색인 겨울일 뿐이며, 평소에 모든 것은 겨울을 기준으로 맞추어져 있고, 항상 겨울을 대비해야 한다. 그렇다고 사람들의 마음속까지 얼어 있는 것은 아니다. 여름에는 버섯을 따고, 낚시를 즐기며, 겨울에는 스키를 타고, 썰매를 지친다. 외부인을 항상 반갑게 맞이하고 가족처럼 대하는 것이 북극에 사는 사람들의 태도이다. 오랜 세월 북극에 살면서 겨울에 적응하고 이를 즐기는 것이 이곳 겨울왕국 사람들의 삶의 모습인 것이다.

그런데 지구온난화 현상이 생기면서 이 겨울왕국의 모습이 달라지고 있다. 온난화 현상 자체는 과거에도 있었지만, 그것은 대부분 자연활동에 의한 것이었다. 하지만 20세기 후반부터는 인류의 활동이 온난화를 유발하고 있다. 산업화와 함께 이산화탄소가 증가하면서 온실 효과가 나타나고, 인류가 숲을 파괴하거나 대기 환경이 오염되면서 온난화 현상이 더 심해지고 있다. 지구온난화로 바다의 수온이 오르고 빙하가 녹아내려 해수면이 상승하자 해양 생태계가 변하기 시작했다. 게다가 북극 지역에서 산업 개발이 가속화하면서 환경오염이 심해지자 육상 생태계도 심각한 위협을 받게 됐다. 육상에는 인간의 거주지가 있으므로 이것은 인류에게 더 치명적이다.

북극은 소수 토착민족을 중심으로 오랜 세월 인류가 추위에 적응하며 독특한 삶의 방식을 만들어온 공간이다. 20세기에는 외부로부터 주민들이 유입하면서 서서히 근대화가 진행됐는데, 최근에는 산업 개발로 급속한 사회·문화적, 정치·경제적 변동이 일어나기 시작했다. 하지만 이 변화가 우리에게 축복이 될지, 재앙이 될지 아직 알 수 없다.

이러한 문제의식 속에서 이 책은 러시아 북극 사회의 인문·사회적 고찰과 사회 발전 방안을 모색하고 있다. 이 연구는 러시아 북극권 개발과 그로 인해 일어난 지역사회 변화 양상들을 사회·경제적 측면, 법률·제도적 측면, 역사·문화적 측면에서 조명한다. 이를 통해 북극 주민의 새로운 생활양식의 특징과 유형을 분석하고, 북극 개발에 대한 소수 토착민족의 권리를 법적으로 연구하고, 북극 개발의 역사와 기억의 의미를 고찰할 것이다. 제1부는 러시아 북극의 인문공간을 사회·경제·문화적 관점에서 고찰한 연구 논문 3편을 실었다. 제2부에서는 러시아 북극 북서부 지역의 주요 도시를 직접 답사한 내용을 간추려 소개했다. 제3부에서는 러시아 북극 북서부 지역의 시각 이미지를 사진에 담아 정리했고 이 지역 핵심 정보를 인포그래픽으로 구성했다. 이 책에서는 러시아 북극 북서부에 초점을 뒀는데, 다음 책에서는 중앙부, 그다음 책에서는 극동부에 초점을 둘 예정이다.

이 책의 출판을 지원한 한국해양과학기술원 부설 극지연구소에 감사드린다. 그리고 편집을 책임진 라승도 교수님, 각종 출판 업무를 지원한 김봉철 교수님, 그 외 이양경, 카밀라 알메토바, 김현진, 홍수현 조교에게도 고마움을 전한다. 이 연구는 현재 진행되고 있는 북극 개발을 인문·사회적 관점에서 진단하고, 인간과 환경이 함께 공생하는 북극 개발의 방향성을 제시하는 데 이바지할 것이다. 또한, 북극을 인간이 거주하는 현실 공간으로 그려내어 한국 국민에게 북극

개발의 중요성을 일깨우고 흥미를 높이는 데도 일조할 것이다. 독자 여러분의 많은 관심과 격려를 기대한다.

2020년 1월

최우익

목차

제2부 러시아 북극 북서 지역 답사

제3부 러시아 북극 북서 지역의 시각 이미지

제1부

러시아 북극의 인문공간 : 사회·경제·문화적 고찰

제1장

러시아 북극 지역의 인구와 이주민 추이

최우익

본 연구는 러시아 북극 지역의 인구와 이주민 추이 등 인구학적 특성 분석에 초점을 두고 있다. 이를 위해 본 연구는 러시아 북극 지역 전체를 대상으로 시장 개혁기 이후 그동안 30년 가까이 축적된 인구 통계 자료에 기초해 인구학적 특성을 분석했다. 러시아 북극 지역에서는 2007년부터 인구의 자연증가가 시작되었는데, 그런데도 인구의 유출이 더 큰 규모로 계속되어 현재까지도 전체 인구가 줄고 있다. 또한, 2000년대 중반부터 노동연령 인구의 비율이 낮아지기 시작했다. 따라서 러시아 북극 지역의 인구학적 상황은 부정적이라고 평가할 수 있다. 그런데 국제이주민이 러시아 북극 지역으로 꾸준히 유입되는 현상이 나타나고 있다. 이들은 대

이 글은 서울대학교 국제학연구소『국제·지역연구』제28권 제1호에 게재된 논문「러시아 북극 지역의 인구학적 특성: 인구와 이주민 추이 분석」을 수정 보완한 것임.

체로 외국인 노동자들이다. 이들은 이 지역의 인구 감소의 속도를 늦출 뿐 아니라 부족한 노동연령 인구를 충원할 수 있는 중요한 인적 자원이라고 할 수 있다.

I. 서론

지구온난화가 20세기 말과 21세기 초에 점점 두드러지고 있고, 그에 따라 북극 온도가 오르면서 북극 항로의 상용화와 북극 산업 개발에 관한 여러 나라의 구상과 계획이 구체화하고 있다. 또한, 온도 상승에 따른 기후 및 자연환경의 변화는 산업 개발뿐 아니라 인간을 둘러싼 삶의 공간에도 영향을 미치고 있다. 따라서 북극 지역의 도시 및 지방에서 여러 측면의 사회적 변화가 일어나고 있는데, 본 연구에서는 이중 러시아 북극 지역의 인구와 이주민 추이 등 인구학적 특성 분석에 초점을 두고 있다.

러시아 북극 지역의 주민은 이곳에서 수백, 수천 년 전부터 거주한 소수민족이거나 근대에 이곳으로 유입한 러시아인으로서 이들은 혹독한 추위와 열악한 거주 환경 속에서도 이 지역의 개발과 보존을 위해 노동, 관리, 경영을 담당했던 주인공들이다. 북극 지역에서 오래전부터 전통적 생활양식을 유지하며 거주했던 소수민족은 20세기 초 러시아의 사회주의적 근대화로 엄청난 사회적 격변을 겪었다. 하지만 약 70여 년간 이어진 사회주의 체제가 와해하고 20세기 말 시장 개혁이 시작되면서 북극 지역 주민은 또다시 사회·경제적 격동을 겪고 있다. 게다가 최근에는 북극 산업 개발이 본격화되면서 북극 지역 사회 변동의 속도는 빨라지고 있다.

이러한 상황에서 러시아 북극 지역 주민이 어떠한 사회·경제적 환경에 처해 있는지 규명하는 문제는 바로 이들의 생존 여부를 가늠할 수 있는 중요한 자료가 된다. 또한, 인류가 목표로 하는 북극 산업 개발이 무난히 지속하기 위해서는 이들이 북극 지역의 주체로서 이곳의 개발과 보존의 역할을 계속 수행할 필요가 있는데, 따라서 과연 이들이 현재 어떠한 처지에 있고 앞으로 어떻게 될지에 대한 연구는 중대한 과제일 수밖에 없다.

20세기 말, 21세기 초부터 북극에 관한 연구가 본격화되었는데 사실 그동안 북극 연구는 주로 자연과학 분야, 그리고 북극의 이권을 둘러싼 국제관계 및 대외정책 혹은 산업 및 경제학적 측면에서 이루어졌다. 인문사회 분야의 연구는 최근에 들어와 중요성이 인정되면서 시작되었다. 예를 들어 북극 소수민족의 생존과 이들의 문화 보존 문제라든지, 주민의 건강이나 환경오염 문제에 관한 연구들을 예로 꼽을 수 있다. 하지만 소수민족을 포함한 북극 주민 전체에 대한 인구학적 특성 연구는 거의 제대로 이루어지지 못했다. 물론 일부 지역의 인구감소나 인구 유출 문제가 지적되곤 했지만, 주로 다른 연구들을 진행하면서 부수적으로 얻은 연구 성과로 이러한 문제들이 언급되곤 했다.

몇 가지 대표적인 연구 사례들을 꼽는다면 다음과 같은 것들이 있다. 2007년 출판된 T. Kue Young과 Peter Bjerregaard의 *Health Transition in Arctic Populations*에서는 전 세계 북극의 상황과 그곳에 거주하는 소수민족, 그리고 그들의 환경과 질병을 소개하고 있다. 이 연구에서는 현 단계의 인구 문제는 심도 있게 다루어지지 않고 있는데, 러시아 북극과 관련해 1989~2000년 사이 인구가 급격히 감소하였으며, 특히 비원주민의 인구 유출이 심했다고 언급되는 정도이며, 많은 연구 내용은 20세기 기간에 더 집중되어 있다(Young and Bjerregaard, 2007: 90-91). 국내 북극 연구를 선도하고 있는 한종만 교수의 2010년 출판된 『러시아 북극권의 이해』에서는 러시아 북극에 대한 자연 지리, 인문사회, 정치경제 등에 대해 종합적으로 폭넓게 분석하고 있다. 하지만 인구 문제와 관련해서는 주로 소수민족, 언어, 도시 정보 등을 소개하는 데에 그치고 있다(한종만 외, 2010). 2016년 출판된 Б. А. Ревичи의 저서 *Демографические процессы, динамика трудовых ресурсов и риски здоровью населения европейской части Арктической зоны России*에서는 러시아 북극에 관한 인구학적 연구를 본격적으로 시도하고 있다. 인구학적 과정, 소수민족, 건강, 환경 문제, 노동 자원 등 폭넓은 주제를 심도 있게 다루고 있는데, 단 연구 대상이 유럽 러시아(우랄산맥 서쪽 러시아)의 북극 지역으로 한정되어 있다(Ревичи и др., 2016).

이처럼 러시아 북극에 대한 인문사회적, 사회과학적 연구들이 최근 진행되었고 양질의 연구 성과를 내었음에도, 여전히 북극 주민에 관한 인구학적 연구는 초보 단계에 있다.[1] 본 연구는 러시아 북극 지역 전체를 대상으로 시장 개혁기 이후 그동안 30년 가까이 축적된 인구 통계 자료에 기초해 인구학적 특성을 분석하고자 한다. II장에서 후술하지만, 러시아 통계청 자료에는 인구학적 지역 정보가 여러 자료에 분산되어 있다. 또한, 매년 출판되는 같은 자료 안에서도 통계 자료가 시기적으로 나뉘어 부분적으로만 제공되고 있다. 따라서 이러한 통계 정보를 연구 목적에 맞게 종합하고 재구성하여 러시아 북극 지역의 인구학적 특성, 경향, 추이 등을 체계적으로 정리하고 분

1) 러시아 북극의 사회·경제적 상황에 대한 기존 연구 동향은 다음 참조. 최우익, 2018: 210-215.

석하는 것이 이 연구의 목적이다. 이 작업은 러시아 전체 국민과 북극 주민 간의 인구와 이주 추이를 비교하면서, 그리고 북극 지역들을 서로 비교하면서 진행된다.

본 논문은 Ⅰ장 서론에 이어, Ⅱ장에서는 러시아 북극의 정의와 러시아 통계청 자료에 관해 설명하며, Ⅲ장에서는 러시아 북극 지역 인구 추이와 Ⅳ장에서는 이주민 추이에 대해 분석하고, Ⅴ장에서는 연구 결과를 요약, 정리한다.

II. 러시아 북극의 정의와 러시아 통계청 자료 해제

2000년대 후반부터 러시아 정부는 본격적으로 북극개발 관련 정책을 수립하고 다양한 사업을 진행하기 시작했다. 사실 세계에서 가장 넓은 북극 영해와 영토가 있는 러시아로서 북극은 국가 발전을 위한 새로운 개척지일 수밖에 없다. 러시아 정부는 2008년 9월 '2020년까지와 그 이후 북극에서 러시아연방 국가정책의 기초' 정책을 승인하였다. 이 정책에는 탄화수소자원, 해양생물자원 등에 대한 국내 수요를 맞출 수 있도록 북극 지대의 자원기반을 확대하고, 북극 생태계를 보전하며, 경제활동의 증가 및 기후변화에 대처하여 환경 피해를 방지하고, 북극 지대에서 정보통신, 과학기술, 국제협력의 발전을 도모하는 내용이 담겨 있다(제성훈·민지영, 2013: 50).

2013년에는 푸틴 대통령이 '2020년까지 러시아연방 북극 지대 발전 및 국가안보전략'을 승인하였는바, 이에 따라 북극해 및 콜라반도의 도서들, 우랄산맥의 북극 지역, 북극 동부 등에서 크롬, 망간, 주석, 알루미늄, 우라늄, 티타늄, 아연 매장지들을 개발하고, 티만-페초라 석유 가스 지대 및 바렌츠해, 페초라해, 카라해, 야말반도, 기단반도 대륙붕 등에서 탄화수소 매장지를 개발하는 다양한 사업이 계획되었다(제성훈·민지영, 2013: 64).

또한, 2010년대부터 북극항로를 개발하는 다양한 사업도 활발히 진행 중인데, 이에 따라 이가르카, 두딘카, 딕손, 틱시, 페벡, 프로비데니야를 중심으로 항구 시설이 현대화되고 있고, 신형 운송 선박이 건조되고 있다(Макар, 2015: 85-96).

우리나라는 러시아 야말 프로젝트와 관련해 대우조선해양이 쇄빙 LNG선 건조사업을 수주한 바도 있고, 신북방정책과 맞물려 러시아의 북극 항로와 북극개발 사업에 관심을 보이는 실정이다. 이처럼 2000년대부터 2010년대 현재까지 러시아에서 북극개발은 활발하게 진행되고 있다. 따라서 러시아 북극 지역 주민의 삶의 모습도 큰 변화를 겪고 있을 것이라 충분히 짐작할 수 있다. 본 연구는 바로 이렇게 변화의 중심에 서 있는 러시아 북극 지역의 인구학적 특성 분석에 초점을 둔다.

우선 연구대상으로서 러시아 북극 지역의 경계를 정의할 필요가 있다. 2013년 러시아 연방법안과[2] 2014년 3월 러시아 대통령령, 그리고 2017년 6월 추가 대통령령, 2019년 5월 추가 대통령령에 따르면, 러시아 북극 지역은 <표 1>과 같다.

---

2) "Арктическая зона Российской Федерации(АЗРФ)"(2016), *Политобразование*, 2016.10.29, http://lawinrussia.ru/content/arkticheskaya-zona-rossiyskoy-federacii-azrf(검색일: 2018.03.17).

<표 1> 러시아 북극 지역

	러시아 북극 지역	비고
1	무르만스크주	전 영토
2	네네츠자치구	전 영토
3	추콧카자치구	전 영토
4	야말-네네츠자치구	전 영토
5	코미공화국	1개 도시(Воркута)
6	사하공화국	13개 군(Абыский, Аллаиховский, Анабарский национальный, Булунский, Верхнеколымский, Верхоянский, Жиганский национальный эвенкийский, Момский, Нижнеколымский, Оленекский эвенкийский национальный, Среднеколымский, Усть-Янский, Эвено-Бытантайский национаьный)
7	크라스노야르스크 변강주	1개 도시(Норильск), 2개 군(Таймырский Долгано-Ненецкий, Туруханский)
8	아르한겔스크주	3개 도시(Архангельск, Новодвинск, Северодвинск), 3개 군(Мезенский, Онежский, Приморский), 섬 (Новая Земля)
9	북극해와 도서	-
10	카렐리야공화국 (2017년 추가)	3개 군(Беломорский, Лоухский, Кемский)

자료 : "Арктическая зона Российской Федерации", http://arctic-megapedia.ru/wiki/Арктическая_зона_Российской_Федерации(검색일: 2018.03.02.). "О сухопутных территориях Арктической зоны Российской Федерации (с изменениями на 13 мая 2019 года)", http://docs.cntd.ru/document/499093267(검색일: 2019.10.26.)

여기에서 1~4번 무르만스크, 네네츠, 추콧카, 야말-네네츠 등 4개 지역은 해당 주(자치구)의 전 영토가 북극 지역에 해당한다.[3] 그런데

3) <표 1>에는 해당 지역의 공식 명칭이 기록되어 있다. 이후 이 글 본문에서는 편의상 행정 단위 명칭을 빼고 고유 지역명만 기술한다. 예를 들어

<그림 1> 인문학적, 사회과학적 요소들을 고려한 러시아의 북극

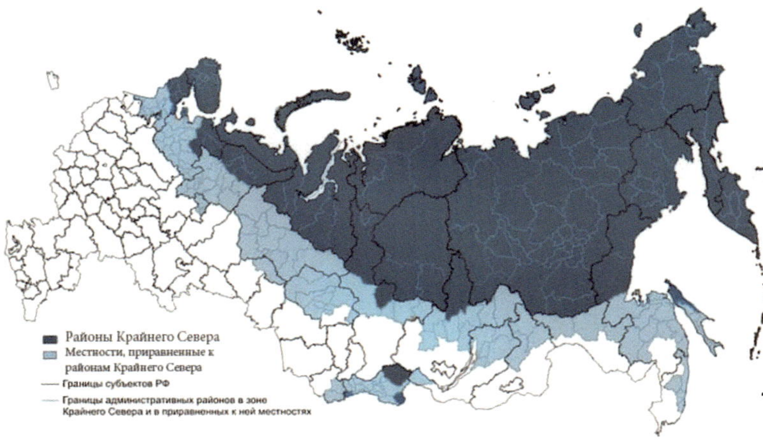

자료 : "Районный крайнего севера России", https://yandex.ru/images/search?text=районный_крайнего_севера_россии(검색일: 2018.03.02.).

러시아 법령에 따르면 9번 북극해와 도서를 제외한 나머지 5개 지역은 해당 주(공화국 및 변강주)의 북부 일부만 북극 지역에 포함된다.

사실 북극 지역의 경계를 정하는 데에는 절대적 기준이 있지 않다. 예를 들어 자연과학적 기준에 따르면 북극은 1) 7월의 등온선이 10도 이하인 곳, 2) 삼림 분포 지대의 북부 경계 너머 지역, 3) 북위 66.33도 이상의 지역이다.[4] 하지만 북극 영토를 지닌 국가들에서 실제로는 이 자연과학적 기준으로만 북극의 경계를 정하지는 않고, 해당 지역의 행정적 분계선을 함께 고려해 경계를 나눈다. 또한, 북극을 인문학적, 사회과학적 차원에서 정의할 수도 있는데, 이 경우 해당

'무르만스크주'는 '무르만스크'로 기술한다. 또한, 다음 표들 안에서는 지면 제약으로 최대 세 글자까지 지역명을 표기한다. 예를 들어 '무르만스크주'는 '무르만'으로 기술한다.

4) "Российская Арктика или Арктическая зона?", С. 2-3, http://narfu.ru/aan/Encyclopedia_ Arctic/RA-AZRF.PDF(검색일: 2016.07.02).

지역의 역사, 문화, 지정학, 사회·경제적 측면들이 고려된다.[5] 이 기준에 따라 러시아 북극의 범위를 표시한 것이 <그림 1>이다. <그림 1>의 진한 색의 지대는 북극, 연한 색의 지대는 북극과 동등한 지역이다. 이 기준에 따르면 러시아 전 영토의 약 70%가 북극과 그에 동등한 지역에 해당한다. 따라서 <표 1>의 러시아 북극 지역으로 분류된 5~10번의 주, 공화국, 변강주 대부분이 <그림 1>에서 보이는 것처럼 북극과 그에 동등한 지역으로 분류된다.

이 외에도 2009년 러시아 통계청 자료에 따르면, <표 1>의 1~4 지역은 물론 카렐리야, 코미, 사하, 아르한겔스크도 전 영토가 북극 지역과 그에 동등한 지역으로 분류된다. 크라스노야르스크 역시 대부분의 도시와 지방이 북극 지역과 그에 동등한 지역으로 분류된다.[6] 따라서 인문학적, 사회과학적 기준으로 정의했을 때 <표 1>에 법령으로 제시된 주, 변강주, 자치구, 공화국을 모두 북극 지역으로 볼 수 있다. 즉, <표 1>에 제시된 모든 지역을 러시아의 북극 지역으로 설정하고 분석해도 자연과학적 연구가 아닌 인구학적 특성을 분석하는 본 연구의 목적과 취지에서 벗어난다고 볼 수 없다. 이에 따라 본 연구에서는 <표 1>의 북극해 토지와 섬을 제외한 9개 주 등을 연구 대상의 범위로 설정하고 이들 지역에 대한 통계 자료를 바탕으로 러시아 북극 지역에 대한 인구학적 특성을 분석한다.

---

5) "Российская Арктика или Арктическая зона?", С. 3. http://narfu.ru/aan/Encyclopedia_ Arctic/RA-AZRF.PDF(검색일: 2016.07.02).

6) "Перечень районов Крайнего Севера и приравненных к ним местностей на 1 января 2009 года", *Федеральная служба государственной статистики*, http://www.gks.ru/bgd/regl/b0922/isswww.exe/stg/territoriya.htm(검색일: 2018.03.14). 일부 학자들은 마가단주와 캄찻카변강주를 러시아 북극에 포함하기도 하는데, 본 연구에서는 러시아 연방법에 기초해 북극 지역을 선택하였다. 러시아 북극의 정체성과 관련 법에 대해서는 다음 참조. Подвинцев и др, 2016: 8-26.

본 연구의 분석 대상인 러시아 북극 지역의 기본적인 사회·경제적 지표들은 다음과 같다. 2018년 시점 북극 지역의 총면적은 약 827만 ㎢로 이는 러시아 전체 면적의 약 48%를 차지한다. 그런데 북극권 주민은 약 780만 명으로 이는 러시아 전체 인구의 약 5.3%이며, 취업자 수는 약 395만 명으로 러시아 전체 취업자의 약 5.5%에 불과하다. 북극 지역의 면적에 비해 인구 규모나 취업자 수가 훨씬 작은데, 그것은 이 지역 대부분이 국토의 변경 지대이며 혹한의 기후와 척박한 환경으로 주민이 안정적으로 거주하기 힘든 곳이기 때문이다. 한편 러시아 북극 지역의 총생산은 2018년 시점 약 6조 5,561억 루블로 이것은 러시아 전체의 약 9.5%를 차지해 이 지역의 인구 대비 경제적 비중이 꽤 크다는 것을 알 수 있다(『러시아 지역: 사회-경제 지표』, 2018: 18-23).

경제 사정에 따라 변하지만 2016년 시점 카렐리야(18%), 아르한겔스크(22%), 크라스노야르스크(32%)는 해당 지역 내에서 제조업의 비중이 가장 크고, 코미(35%), 네네츠(75%), 무르만스크(16%), 야말-네네츠(55%), 사하(52%), 추콧카(50%) 등 다수 지역은 해당 지역 내에서 유용 광물 채굴업의 비중이 가장 크다. 카렐리야와 크라스노야르스크에서도 제조업 다음으로는 광물 채굴업의 비중이 크기 때문에(각각 12%와 19%) 북극 지역은 대체로 지하자원을 채굴하는 광업이 가장 발달한 곳으로 볼 수 있다(『러시아 지역: 사회-경제 지표』, 2018: 478-479).

본 연구의 분석은 기본적으로 러시아 통계청 자료를 바탕으로 이루어진다. 러시아 통계청에서는 인구학적 지표와 관련한 다양한 자료들을 출판하고 있다. 그런데 북극 지역에 대한 통계 지표를 얻기 위해서는 85개 연방주체별, 즉 지역별 통계 정보가 필요하다. 그래야

이 중 9개의 러시아 북극 지역에 대한 통계 정보를 얻을 수가 있기 때문이다. 이처럼 지역별로 정리된 인구학적 지표들은 다음과 같이 한정된 러시아 통계청 자료들로부터 얻을 수 있다.

- 『러시아 지역: 사회-경제 지표』(*Регионы России. Социально-экономические показатели*)
- 『러시아 인구연감』(*Демографический ежегодник России*) 중 지역별 정보
- 『러시아 노동과 취업』(*Труд и занятость в России*) 중 지역별 정보
- 『러시아 통계연감』(*Российский статический ежегодник*) 중 지역별 정보

본 연구는 기본적으로 시장 개혁이 시작된 1990년대 초부터 현재까지 약 30년에 가까운 기간을 분석 대상으로 한다. 본 논문의 작성 시점에 『러시아 지역: 사회-경제 지표』는 2018년 판이 출판되었고, 『러시아 인구연감』과 『러시아 노동과 취업』은 2017년 판까지만 출판되었다. 그런데 각 자료에는 출판 연도 이전 연도의 통계 정보까지 정리되고 있다. 따라서 본 논문의 연구 대상 시기는 1990년대 초부터 2016년 혹은 2017년까지가 된다.

각 통계 자료들은 매년 혹은 격년으로 출판되고 있다. 본 연구에서는 특히 인구 추이와 이주민 추이에 초점을 두고 있기 때문에 이러한 추이 분석을 위해서는 매년 제공되는 통계 지표를 하나의 표로 종합할 필요가 있다. 표마다 자료의 출판 연도를 각주로 달거나, 필요한 경우 본문에 어떠한 통계 지표들을 어떻게 종합하고 재구성했는지

설명을 붙인다. 그리고 몇몇 통계 정보 중에는 일정한 시기 몇 년간만 제공된 것들이 있다. 이에 대해서도 필요할 경우 본문이나 각주에 관련 설명을 덧붙일 것이다.

이처럼 본 연구에서는 인구 및 이주 등 중요한 인구학적 통계 지표들에 초점을 두어 1990년대부터 2000년대와 2010년대 최근까지 시계열적인 흐름의 양상과 변화과정을 추적하면서 러시아 북극 지역의 인구학적 특성과 유형을 분석하고자 한다. 이를 위해 본 연구는 주로 러시아 통계청에서 출간한 다양한 자료의 통계 정보 및 지표를 재구성하고 분석한다. 이외에도 여러 학자와 연구기관의 연구 성과들을 참고 자료로 활용한다.

III. 러시아 북극 지역의 인구 추이

한 나라의 인구는 기본적으로 인구의 자연증가 및 자연감소, 그리고 인구의 이주, 즉 인구의 유입과 유출에 의해 결정된다. III장에서는 러시아 북극 지역의 인구에 대해 다루고 IV장에서는 인구의 이주에 대해 다룬다.

<표 2>는 러시아 통계청 자료 『러시아 지역: 사회-경제 지표』를 활용해 1990년 이후 현재까지 5년 단위로 러시아와 북극 지역 인구의 변화 추이를 정리한 것이다. 러시아 전체 인구는 1990년대 초 약 1억 4,800만 명이었다가 급속히 감소하기 시작해 2000년대 후반에는 약 1억 4,200만 명으로 줄었다. 그 후 2010년대에는 다시 증가해 2017년 시점 약 1억 4,700만 명이 되었다.[7]

7) 20세기 후반 러시아 인구는 점진적으로 증가하여 1992년 1억 4,833만

<표 2> 러시아 북극 지역 인구 변화 추이(단위: 천 명)

	1990	1995	2000	2005	2010	2015	2017
러시아	148,274	148,292	146,304	143,236	142,865	146,545	146,880
카렐리	791	764	729	676	643	630	622
코미	1,240	1,133	1,043	963	899	857	841
아르한	1,517	1,433	1,328	1,240	1,183	1,130	1,111
네네츠	52	43	41	42	42	44	44
무르만	1,189	1,037	923	839	794	762	754
야말	489	487	498	517	525	534	538
크라스	3,163	3,100	3,001	2,869	2,829	2,866	2,876
사하	1,119	1,020	958	954	958	960	964
추콧카	158	84	57	52	51	50	50
합계	9,718	9,101	8,578	8,152	7,924	7,833	7,800

자료 : 『러시아 지역: 사회-경제 지표』, 2018: 39-40, 2010: 56-57.

하지만 북극 지역 인구는 1990년 약 972만 명에서 2017년 780만 명으로 약 20%인 192만 명이 감소하였고, 이러한 감소 현상은 현재까지 변함없이 지속하고 있다. 하지만 이 중에서 야말-네네츠만은 1990년대 초반에만 잠시 인구가 감소했을 뿐 작은 규모이긴 하지만 예외적으로 인구가 증가하였다. 또한, 네네츠, 크라스노야르스크, 사하의 경우 최근 2010년대에는 소폭이지만 인구가 점진적으로 증가하고 있다.[8] 그러나 이를 제외한 다수 지역에서는 전 기간에 걸쳐 지

명으로 최고점을 찍었다가 그 후 인구가 급격히 감소해 2008년에는 1억 4,190만 명이 되었다. 사회적 과도기의 후유증으로 짧은 기간에 약 650만 명의 인구가 감소하였다. 하지만 그 후 인구가 다시 증가해 최근에는 1990년대 초 인구 수준을 거의 회복했다. 다음 자료들 참조. 『러시아 지역: 사회-경제 지표』, 2001: 30-31, 2010: 56-57. 인구 증가의 요인은 여러 측면에서 관측된다. 유아 사망률이 낮아졌고, 노동연령대 등 전 연령층에서 사망률이 낮아졌으며, 따라서 기대 수명이 높아졌다. 또한, 국제이주민의 유입도 꾸준히 지속하고 있다.

8) Ⅳ장에서 밝혀지지만, 이 지역들에서는 외국인 노동자가 다수 거주하

속해서 인구가 감소하였다. 따라서 북극 지역의 인구학적 상황은 대체로 부정적이라고 평가할 수 있다.

인구의 증가와 감소에 영향을 주는 큰 요인은 인구의 자연증가(감소)와 유입(유출)이다. 우선 III장에서는 인구의 자연증가와 자연감소에 대해 다루는데 <표 3>은 러시아 통계청 자료 『러시아 지역: 사회-경제 지표』를 활용해 1990년부터 최근까지 러시아 북극 지역 인구의 자연증가율 추이를 정리한 것이다.

<표 3> 러시아 북극 지역 인구의 자연증가율 추이(단위: 천 명당 명수)

	90	95	00	05	06	07	08	09	10	11	12	13	14	15	16	17
러시아	2.2	-5.7	-6.6	-5.9	-4.8	-3.3	-2.5	-1.8	-1.7	-0.9	-0.0	0.2	0.2	0.3	-0.0	-0.9
카렐리	3.1	-7.9	-7.8	-8.2	-6.8	-5.3	-5.1	-4.0	-4.1	-2.8	-2.8	-2.7	-2.3	-3.1	-2.8	-4.3
코미	6.1	-3.5	-3.5	-4.1	-2.7	-0.8	-0.5	-0.4	-0.2	0.7	1.8	2.2	2.0	1.3	0.7	-0.3
아르한	3.7	-6.1	-7.5	-6.3	-4.9	-2.8	-2.6	-2.1	-2.3	-1.9	-1.2	-0.7	-0.9	-1.4	-1.9	-2.7
네네츠	10.3	0.7	0.3	2.3	1.1	3.0	3.6	4.8	4.7	4.7	7.1	5.7	7.9	8.4	9.6	6.6
무르만	5.4	-3.2	-3.0	-3.6	-2.9	-1.4	-1.3	-1.2	-0.2	0.0	0.5	0.9	0.3	0.3	-0.3	-0.8
야말	13.1	6.7	6.1	7.7	7.6	8.8	9.1	9.7	10.3	10.2	11.4	11.5	11.8	11.3	10.1	9.1
크라스	4.5	-4.2	-5.5	-4.9	-2.9	-1.5	-0.7	0.2	0.1	0.5	1.5	1.7	1.7	1.7	1.4	0.1
사하	12.7	5.5	4.0	4.1	4.7	6.4	6.1	7.0	7.0	7.7	8.5	8.8	9.2	8.6	7.6	6.4
추콧카	10.1	1.3	1.9	3.9	3.7	4.1	2.7	1.2	0.9	2.5	2.6	2.6	2.8	4.1	3.6	3.7
합계	69.0	-10.7	-15	-9.1	-3.1	10.5	11.3	15.2	16.2	21.6	29.4	30.0	32.5	31.2	28.0	17.8

자료 : 1990-2010년까지는 다음 자료에서 재구성하였다. 『러시아 지역: 사회-경제 지표』, 2011: 68-69. 2011-2017년까지는 다음 자료에서 재구성하였다. 『러시아 지역: 사회-경제 지표』, 2018: 71-72. 아르한겔스크의 2010년 이전 수치는 네네츠가 포함되어 계산된 것이며, 2010년 수치부터는 아르한겔스크와 네네츠가 따로따로 계산된 것이다.

고 있으며, 이들로 인한 국제이주민의 지속적인 유입으로 인구감소가 억제되어 소폭이지만 인구가 증가했다고 할 수 있다.

<표 3>에 따르면, 러시아 전체로는 1990년대 초반부터 마이너스 자연증가, 즉 자연감소가 시작되었는데 2000년이 천 명당 -6.6명으로 자연감소율이 가장 높았던 해였다. 하지만 2013년부터 인구의 자연증가가 시작되었다.[9] 북극 지역 전체로는 2006년까지 인구의 자연감소 현상이 계속되었다가 2007년부터는 자연증가가 시작되었다. 따라서 러시아 인구 전체가 2013년부터 자연증가가 시작된 것에 비해 북극 지역에서는 더 이른 시기인 2007년부터 자연증가가 시작되었다. 그런데도 북극 지역의 인구 감소 현상이 현재까지도 지속하고 있는 이유는 바로 외부로의 인구 유출이 그 이상의 규모로 계속되기 때문이다. 이러한 인구 유출에 대해서는 IV장에서 살펴본다.

이처럼 러시아 인구 전체든 북극 지역 인구든 모두 2010년을 전후해 인구의 자연 증가가 시작되었다. 하지만 자연 증가가 시작되었음에도 불구하고 그동안 진행된 인구의 자연 감소는 꽤 심각한 후유증을 남겼다. 이것은 러시아 인구의 연령별 분포 추이를 보면 알 수 있다.

러시아 전체 인구 중 유년 인구[10] 비율은 1990년 24.3%였는데, 이

---

9) 그럼에도 실제로는 러시아 인구는 2009년부터 증가하기 시작하였다. 그것은 바로 국제이주민의 유입 때문이었다. 이에 대해서는 IV장에서 살펴본다. 한편 2016년과 2017년에 자연감소가 나타나기 시작했는데 그것은 2014년부터 러시아가 서방으로부터 경제 제재를 받으면서 국민의 사회·경제적 상황이 악화했기 때문으로 판단할 수 있다.

10) 정확한 표현은 '노동가능 연령 이하 인구(население моложе трудоспособного возраста)'인데 편의상 본 논문에서는 '유년 인구'로 칭한다. 마찬가지로 노동가능 연령 인구(население в трудоспособном возрасте)는 '노동 인구'로, 노동가능 연령 이상 인구(население старше трудоспособного возраста)는 '노령 인구'로 칭한다. 노동 인구에 속하는 남성의 연령대는 16-59세이며, 여성의 연령대는 16-54세이다. 그 이하의 연령대는 유년 인구이며, 그 이상의 연령대는 노령 인구가 된다.

비율은 2007년 16.0%까지 급속히 낮아졌다가 그 후 좀 회복되어 2017년 18.6%가 되었다. 유년 인구의 비율이 이렇게 급속히 낮아졌던 이유는 시장 개혁기의 과도적 상황 때문에 인구학적 상황이 악화했기 때문이다. 예를 들어 유아사망률이 급증했고, 결혼율은 떨어지고 이혼율은 높아져 출산율이 낮아졌으며, 게다가 20세기 여러 세대의 인구학적 특성으로 비롯된 역사적 배경도 한몫했다.[11] 한편 노령 인구의 비율은 1990년 19%였는데 2000년 20.4%, 2005년 20.5%, 2010년 22.3%, 2017년 25.4%로 점진적으로 늘어났다.[12]

러시아 전체 인구 중에서 유년 인구의 비율은 2000년대 후반 점차 높아지는데, 북극의 경우 모든 지역에서 이 비율이 2000년대 중반부터 점차 높아지고 있다. 노령 인구의 비율 역시 러시아 전체 인구에서든 러시아 북극 지역에서든 2000년대 중반을 경계로 점차 높아지고 있다. 중요한 것은 노동 인구의 비율이 어떻게 변화하고 있는가이다.

<표 4>는 러시아 통계청 자료 『러시아 지역: 사회-경제 지표』를 활용해 1990년대부터 현재까지 북극 지역 노동 인구의 비율 추이를 정리한 것이다. 이에 따르면 러시아 전체 인구 중에서 1990년 노동 인구의 비율은 56.7%였는데 2005-06년까지 점진적으로 늘어 63%를 차지하게 되었다. 하지만 그 후 이 비율은 급속히 떨어져 불과 10여 년 만인 2017년 56%로 낮아졌다.

과도적인 시장 개혁기의 인구학적 상황에도 불구하고 1990년부터 2000년대 중반까지 노동 인구 비율이 높아진 것은 1970-80년대 출생 연령층이 1990년대부터 노동 연령대로 차례대로 진입하였기 때

---

11) 역사적 배경 등 이에 대한 자세한 설명은 다음 참조. 최우익, 2011: 615-619.

12) 이 문단에 나오는 모든 수치는 다음 참조. 『러시아 지역: 사회-경제 지표』, 2012: 64-69, 2018: 47-52.

<표 4> 러시아 북극 지역 노동 인구 비율 추이(단위: %)

	1990	2000	2005	2006	2007	2008	2009	2010	2011	2012	2013	2014	2015	2016	2017
러시아	56.7	60.2	63.0	63.0	62.9	62.6	62.0	61.5	60.9	60.1	59.3	58.4	57.4	56.7	56,0
카렐리	57.8	61.8	64.3	64.1	63.5	62.9	62.0	61.1	60.1	59.2	58.2	57.2	56.1	55.2	54.5
코미	61.6	64.9	67.5	67.3	66.9	66.4	65.4	64.5	63.5	62.4	61.3	60.2	59.0	58.0	57.1
아르한	57.7	61.9	64.4	64.3	63.9	63.3	62.3	61.3	60.3	59.2	58.2	57.2	56.1	55.2	54.5
네네츠	61.1	62.9	65.8	65.9	65.6	64.8	63.7	62.9	62.1	61.2	60.5	59.6	58.6	57.6	56.8
무르만	64.5	67.9	68.6	68.3	67.6	67.0	66.1	65.3	64.4	63.6	62.5	61.6	60.6	59.7	59.1
야말	65.3	69.9	72.6	72.7	72.2	71.6	70.7	70.1	70.1	69.6	68.6	67.6	66.2	65.1	64.3
크라스	58.9	62.3	64.9	64.9	64.7	64.3	63.6	63.0	62.3	61.5	60.6	59.7	58.7	58.0	57.2
사하	60.8	62.6	65.3	65.5	65.3	65.1	64.4	63.9	63.1	62.3	61.4	60.5	59.5	58.8	58.1
추콧카	67.7	69.5	71.5	71.0	70.3	69.2	68.0	67.1	67.0	66.5	65.8	64.9	64.0	63.2	62.3
평균	61.7	64.9	67.2	67.11	66.7	66.1	65.1	64.4	63.7	62.8	61.9	60.9	59.9	59.0	58.2

자료 : 『러시아 지역: 사회-경제 지표』, 2012: 64-69, 2018: 47-52. 1990년부터 2009년까지 아르한겔스크 수치는 네네츠가 포함되어 계산된 것이며, 2010년부터는 아르한겔스크와 네네츠가 따로따로 계산된 것이다.

문이다. 1970-80년대에는 안정적으로 출산이 이루어졌고, 따라서 이 시기에는 유년 인구의 비율이 매년 증가하였다(『러시아 인구연감』, 2001: 40). 하지만 1990년대에는 인구학적 상황의 악화로 출생자들의 규모가 작아졌고, 이들이 2000년대 중반부터 노동 연령대로 진입하면서 본격적으로 노동 인구의 비율을 낮춘 것이다. 2013년부터 러시아에서 인구의 자연증가 현상이 나타나기 시작했는데, 이때부터 태어난 유년 인구가 16세(러시아에서 노동 가능연령의 시작 시기)가 되는 시점인 2030년대부터 이들은 노동 인구 비율 증가에 기여할 수 있을 것이다.

러시아 전체 인구의 양상과 유사하게 북극 지역 인구의 노동 인구 비율도 2000년대 중반까지는 높아졌지만, 그 후부터는 점차 낮아지고 있다. 북극 지역에서는 2007년부터 인구의 자연증가가 시작되었기 때문에 외부 요인을 배제한다면 수치상으로는 16년 후인 2023년부터 노동 인구 비율이 증가할 것으로 예측된다. 하지만 현재 진행되고 있는 북극 지역의 노동 인구 비율 추이를 볼 때 이렇게 단순한 전망이 예측되지는 않는다. 즉, 러시아 전체 인구 중 노동 인구 비율은 2005년 63.0%에서 2017년 56.0%로 7% 낮아졌지만, 북극 지역 인구 중 이 비율은 67.2%에서 58.2%로 약 9% 낮아져 북극 지역 인구 중 노동 인구 비율이 더 큰 폭으로 낮아졌음을 알 수 있는데, 이러한 사실만 보더라도 북극 지역 노동 인구 비율의 회복은 더 늦추어질 것으로 보인다. 특히 카렐리야와 아르한겔스크의 노동 인구 비율은 2010년부터 러시아 전체 평균치보다도 더 낮아지기 시작했는데 이처럼 일부 지역은 상대적으로 더 부정적인 상황에 있다.

그러나 북극 지역 노동 인구 평균 비율은 러시아 전체 인구의 평균 비율보다 항상 높았다. 1990년에는 5%, 2000년대 중반에는 약 4%, 2017년 시점에는 2.2% 정도 더 높다. 야말-네네츠와 추콧카의 이 비율은 2017년 시점 약 6-8% 더 높다. 이것은 북극 지역이 기후가 척박한 자연환경 지대여서 유년부터 노년까지 한 가족이 모여 장기간 거주하기에 적절하지 못하여 상대적으로 젊은 층 중심으로 거주하거나, 다른 지역에 비해 노동만을 위해 단기적으로 머무는 이동 노동자가 더 다수이기 때문에 나타난 현상으로 풀이할 수 있다.

하지만 현재 북극 지역 노동 인구 평균 비율이 러시아 전체 평균 비율보다 더 빠르게 낮아지고 있으며, 일부 지역은 이미 러시아 전체 평균치보다도 낮다는 점에서 러시아 북극 지역에서 노동 인구 부족 문제로 인한 인구학적 상황은 심각한 것이라고 평가할 수 있다.

Ⅳ. 러시아 북극 지역의 이주민 추이

러시아 북극 지역에서 노동 인구의 양적 비율은 낮아지고 있지만, 인구의 자연증가는 이미 2000년대 중반부터 시작되었다. 그런데도 현재까지 러시아 북극 인구는 전체적으로 감소하고 있다. 그것은 아래에서 보는 바와 같이 외부로의 인구 유출이 그 이상의 규모로 계속되었기 때문이다.

<표 5> 러시아 북극 지역 인구의 이주 증감 추이(단위: 만 명당 명수)

	1990	1995	2000	2005	2006	2007	2008	2009	2010	2011	2012	2013	2014	2015	2016	2017
러시아	19	44	25	20	22	25	25	24	19	22	21	21	19	17	18	14
카렐리	-35	-16	-13	-115	-93	-29	-33	-36	-54	-18	-15	-13	-7	-12	-16	-31
코미	-134	-176	-108	-163	-162	-98	-129	-109	-139	-112	-122	-120	-107	-102	-81	-112
아르한	-78	-88	-78	-72	-70	-46	-61	-49	-83	-81	-88	-85	-68	-72	-56	-70
네네츠	-169	-271	-62	-21	-26	-19	-47	14	-50	32	12	-3	1	23	-73	-53
무르만	-77	-250	-165	-169	-156	-93	-105	-60	-69	-77	-101	-129	-65	-57	-57	-46
야말	-143	120	-22	-24	4	-45	-114	-79	-88	118	-21	-150	-112	-223	-65	-45
크라스	-27	-5	-16	-64	-54	-15	-8	-1	-15	28	13	5	3	10	17	3
사하	-60	-219	-92	-28	-29	-34	-69	-66	-71	-102	-87	-96	-70	-56	-43	-48
추콧카	-355	-1269	-704	73	64	-56	-156	-196	-174	102	-66	-70	-30	-117	-103	-132
평균	-120	-242	-140	-65	-58	-48	-80	-65	-83	-12	-53	-73	-51	-67	-53	-59

자료 : 1990-2000년까지는 다음 자료에서 재구성하였다. 『러시아 지역: 사회-경제 지표』, 2011: 76-77. 2005-2012년까지는 다음 자료에서 재구성하였다. 『러시아 지역: 사회-경제 지표』, 2013: 79-80. 2013-2017년까지는 다음 자료에서 재구성하였다. 『러시아 지역: 사회-경제 지표』, 2018: 87-88. 아르한겔스크의 2010년 이전 수치는 네네츠가 포함되어 계산된 것이며, 2010년 수치부터는 아르한겔스크와 네네츠가 따로따로 계산된 것이다.

<표 5>는 러시아 통계청 자료 『러시아 지역: 사회-경제 지표』를 활용하여 1990년대부터 현재까지 러시아 북극 지역 인구의 이주 증감

추이를 정리한 것이다. 이 표는 인구의 유입과 유출을 가감한 매년 순유출 및 순유입 규모를 보여주고 있다. 이에 따르면 북극 지역 대부분에서 1990년대부터 현재까지 인구 유입보다 유출 규모가 커서 순유출 현상이 지속하고 있음을 알 수 있다. 북극 지역에서 1990년대와 2000년대 초에는 만 명당 평균 순유출 규모가 100명이 넘었고, 2000년대 중반부터 2017년까지도 매년 평균 순유출 규모는 대체로 만 명당 50-80명에 달한다.[13] 크라스노야르스크의 경우에만 2011년부터 2017년까지 작은 규모로 인구의 순유입 현상이 나타나기 시작했을 뿐이다. 또한, 네네츠의 경우도 2010년대에 4년간만 작은 규모로 인구의 순유입 현상이 나타났다.

이처럼 러시아 북극 지역으로부터 인구가 유출된 원인은 무엇보다도 소련 시대에 이 지역의 삶과 생산을 책임졌던 국가에 의한 다양한 지원 시스템과 사회 인프라가 시장 개혁기에 들어와 와해했기 때문이다. 이 지역에서의 생존은 이제 기본적으로 개인이 책임져야 할 영역이 되었다(Силин, 2016: 33-41).

하지만 북극 지역에서 인구가 유출되기만 하는 것은 아니다. 인구의 유출만큼이나 유입도 활발하게 일어나고 있다. 『러시아 통계연감』 2015년과 2016년 판에는 2012-2015년 기간의 연방주체별 인구의 유입과 유출 규모가 제공되어 있다. 이 통계 수치를 정리한 것이 <표 6>이다.

<표 6>에 따르면 북극 지역 대부분에서 러시아 평균치보다 유입과 유출 인구 비율이 높다는 것을 알 수 있다. 2012-15년 사이 러시

13) 2011년에만 인구의 유출 규모가 만 명당 11명으로 낮은 비율인데, 이것은 다음에 나오는 <표 7>에서 알 수 있는 것처럼, 2011년에는 러시아 북극 지역으로 다른 해보다 국제이주민이 더 많은 비율(6.7%)로 유입되었기 때문에 전체 유출 규모가 다소 축소되었다고 풀이할 수 있다.

<표 6> 러시아 북극 지역 연방주체별 이주 증감 추이

	2012	2013	2014	2015	2012	2013	2014	2015	2012	2013	2014	2015
	유입 인구 (단위: 명)				유출 인구 (단위: 명)				순유입 인구 (단위: 명)			
	유입 인구 (단위: %)				유출 인구 (단위: %)				순유입 인구 (단위: %)			
러시아	4196143	4496861	4663427	4734523	3901213	4201002	4363437	4489139	294930	295859	299990	245384
	2.9	3.1	3.2	3.2	2.7	2.9	3.0	3.1	0.2	0.2	0.2	0.2
카렐리	19173	22017	23262	23668	20145	22815	23702	24402	-972	-798	-440	-734
	3.0	3.5	3.6	3.8	3.1	3.6	3.8	3.8	-0.2	-0.1	-0.1	-0.1
코미	28770	29876	32931	32931	39556	40410	42234	41669	-10786	-10534	-9303	-8738
	3.3	3.4	3.8	3.9	4.5	4.6	4.8	4.9	-1.2	-1.2	-1.1	-1.0
아르한	33917	35086	34316	36257	44211	44922	42043	44376	-10294	-9836	-7727	-8119
	2.9	3.0	3.0	3.2	3.8	3.9	3.7	3.9	-0.9	-0.9	-0.7	-0.7
네네츠	2380	2549	2217	2167	2330	2561	2211	2066	50	-12	6	101
	5.5	5.9	5.2	4.9	5.4	6.0	5.1	4.7	0.1	-0.0	0.0	0.2
무르만	33381	33582	37933	38186	41306	43599	42931	42570	-7925	-10017	-4998	-4384
	4.3	4.4	5.0	5.0	5.3	5.7	5.6	5.6	-1.0	-1.3	-0.7	-0.6
야말	44217	44191	43252	35835	45344	52315	49320	47807	-1127	-8124	-6068	-11972
	8.2	8.2	8.0	6.7	8.4	9.7	9.1	9.0	-0.2	-1.5	-1.1	-2.2
크라스	102529	110347	113508	117098	98736	108956	112573	114345	3793	1391	935	2753
	3.6	3.9	4.0	4.1	3.5	3.8	3.9	4.0	0.1	0.0	0.0	0.1
사하	33005	33042	31486	36456	41364	42172	38194	41843	-8359	-9130	-6708	-5387
	3.5	3.5	3.3	3.8	4.3	4.4	4.0	4.4	-0.9	-1.0	-0.7	-0.6
추콧카	3955	4673	4814	4392	4291	5027	4968	4981	-336	-354	-154	-589
	7.8	9.2	9.4	9.9	8.4	9.9	9.7	10.0	-0.7	-0.7	-0.3	-1.2

자료 : 『러시아 통계연감』, 2015: 100-101, 2016: 99-100.

아 전체 인구에서는 매년 3% 전후의 유입 및 유출 비율이 나타나고 있다. 그런데 러시아 북극 지역에서는 아르한겔스크의 2012-15년 사이의 유입 인구 비율만이 러시아 전체 인구에서의 비율보다 조금 낮거나 같을 뿐, 전 지역, 전 시기 모두 북극 지역의 유입과 유출 비율은 러시아 전체 인구에서의 이주 비율보다 높다. 특히 네네츠, 무르만스크, 야말-네네츠, 추콧카의 경우는 유입이든 유출이든 러시아 전체 인구의 이주 비율보다 약 2-3배 이상 이주 비율이 높다. 특히 무르만스크, 야말-네네츠, 추콧카의 경우는 지역 내 이주보다는 지역 외 이주의 비율이 높다. 2017년을 예로 든다면 무르만스크와 야말-네네츠는 지역 외 이주 비율이 약 2/3, 추콧카는 약 4/5를 차지한다(『러시아 지역: 사회-경제 지표』, 2018: 89-100).

<표 6>에서 알 수 있는 바는 무엇보다도 러시아 북극 지역에서는 유입이든 유출이든 인구의 이주가 활발하게 일어나고 있다는 점이다. 이것은 기본적으로 러시아 북극 산업 개발과 관련하여 일자리가 확대되어 외부로부터 노동력의 인입이 활발하게 일어나기 때문이다. 하지만 이곳은 자연적, 사회적 환경의 제약으로 장기간 거주가 쉽지 않아 단기간 노동을 하고 떠나는 경우가 많아서 이처럼 인구의 유입과 유출 비율이 다른 지역에 비해 높게 나타났다고 설명할 수 있다.

이처럼 인구의 유입과 유출 규모가 모두 다른 지역에 비해 크다고 하더라도 결국 유출 규모가 더 커서 러시아 북극 지역에서는 인구의 외부로의 이주 현상이 장기간 이어지고 있다. 그런데 국제이주민의 경우 러시아 북극 지역으로의 이주는 꾸준히 순유입되는 현상이 나타나고 있다. 러시아 연방주체별(지역별) 국제이주민의 순유입 및 순유출 현황을 보여주는 러시아 통계청 자료는 2004년부터 제공되고 있는데, 연도별로 『러시아 인구연감』 통계 자료를 취합해 정리한 것

<표 7> 러시아 북극권 국제이주민의 연도별 순유입 추이(단위: 명)

	2004	2005	2006	2007	2008	2009	2011	2012	2013	2014	2016
러시아	39,362	107,432	132,319	239,943	242,106	247,449	319,761	294,930	295,859	270,036	261,948
카렐리	-167	-44	56	965	730	623	756	1,029	1102	939	239
코미	-741	-603	-133	1,207	347	355	1,314	701	970	320	686
아르한	44	-19	47	1,050	820	539	622	292	167	582	979
네네츠	11	8	21	59	31	46	89	81	92	166	73
무르만	-49	-51	-150	428	539	1,423	2,161	1,221	1,061	1,698	806
야말	204	1,370	1,424	1,603	1,584	1,403	8,870	3,390	2,521	3,146	1,189
크라스	-1,256	574	1,371	5,509	6,036	6,717	6,563	5,253	6,117	5,203	7,634
사하	-78	145	293	611	772	582	684	926	489	284	657
추콧카	-2	25	66	41	45	47	240	14	258	260	78
합계	-2,034	1,405	2,995	11,473	10,904	11,735	21,299	12,907	12,777	12,598	12,341
비율	-	1.3%	2.3%	4.8%	4.5%	4.7%	6.7%	4.4%	4.3%	4.7%	4.7%

자료 : 연도마다 다음 자료에서 통계수치를 취합하여 재구성하였다. 『러시아 인구연감』, 2005: 532-537, 2006: 484-489, 2007: 470-475, 2008: 472-477, 2009: 477-482, 2010: 458-463, 2012: 468-473, 2013: 7장 9절, 2014: 부록 7장 7절, 2015: 부록 7장 7절, 2017: 부록 7장 7절. 『러시아 인구연감』 2011년판과 2016년판은 출판되지 않았으며, 2018년판은 아직 출판되지 않았다. 따라서 이 표에서 2010년, 2015년, 2017년 수치가 없다.

이 <표 7>이다.

<표 7>에 따르면 러시아 국제이주민의 순유입 규모는 2000년대 중반에는 매년 약 10만여 명이었다가 그 후 서서히 증가해 2010년대에는 매년 약 25-30만 명의 규모를 유지하고 있다. 북극 지역 국제이주민도 2000년대 중반 이후 규모가 점점 커져 매년 대략 10,000-13,000명 정도의 순유입 규모를 현재까지 유지하고 있다. 러시아 전체 국제이주민 순유입 규모에서 북극 지역 국제이주민의 순유입 규모의 비율을 보면 2005년 1%대에서 2012년 4%대로 점차 높아지고 있다. 이러한 양상은 러시아 북극 지역에서 인구 유출이 심함에도 불

구하고 북극 지역으로의 국제이주민의 유입은 꾸준히 지속하고 있음을 보여주는 것이다.

러시아 인구연감 2016년 통계 수치에 따르면, 북극 지역 전체적으로 우크라이나로부터의 순유입 인구가 가장 다수를 차지하고 있으며, 그 외에 타지키스탄, 키르기스스탄으로부터도 꽤 높은 비율로 인구가 유입되고 있다(『러시아 인구연감』, 2017: 부록 7장 7절).

러시아 북극 지역 내부적으로 인구의 자연증가는 일어나고 있지만, 외부로의 인구 유출이 심해 전체 인구가 감소하고 있다. 하지만 국제이주민은 이처럼 꾸준히 유입되고 있는데 그 이유는 무엇일까? 이것은 이 지역의 외국인 노동자의 상황을 살펴봄으로써 이해가 된다.

러시아 연방주체별(지역별) 외국인 노동자 현황은 러시아 통계청 자료 『러시아 노동과 취업』 2003년 판부터 격년으로 2013년 판까지 제공되다가 중단되었다. 그리고 이 현황은 러시아 지역 사회경제지표 2009년 판부터 매년 현재까지 제공되고 있는데, 여기에는 2000년 통계수치와 2005년부터 2017년 현재까지 매년 통계 수치들이 제공되고 있다. 이 두 자료에서 2000년부터 2010년까지의 수치를 모두 취합해 정리한 것이 아래 <표 8>이다. 2011년 통계 수치부터는 러시아 지역 사회경제지표에서 외국인 노동자를 두 종류(취업 허가 취득자와 노동 특별증명서 취득자)로 분류해 매년 제공하고 있다. 따라서 2011년부터 2017년까지 이 두 종류 외국인 노동자들의 통계 수치를 합산해 재구성한 것이 <표 9>이다.

1990년대 러시아에 있는 외국인 노동자는 매년 약 20만 명 정도의 규모를 유지하였다(『러시아 노동과 취업』, 1999: 234). <표 8>에 따르면 이러한 규모는 2000년대 초까지 유지되었는데, 2000년대 중반부터는 100만 명을 넘어서 2000년대 후반에는 200만 명이 넘기도 했

<표 8> 러시아 외국인 노동자 추이(2000-2010년, 단위: 명)

	2000	2002	2004	2005	2006	2007	2008	2009	2010
러시아	213,293	359,509	460,364	702,500	1,014,013	1,717,137	2,425,921	2,223,596	1,640,801
카렐리	1,092	6,807	2,524	2,743	2,187	3,315	4,669	2,827	2,042
코미	1,297	4,050	1,358	4,050	2,961	4,377	5,840	6,329	5,537
아르한	417	4,252	325	783	844	2,787	5,046	4,128	2,807
네네츠	68	1,671	514	1,162	1,582	2,804	2,881	2,684	2,230
무르만	409	5,053	708	1,559	1,453	2,672	3,632	4,112	4,574
야말	8,591	14,137	25,579	26,027	26,443	31,321	42,497	37,224	29,160
크라스	4,142	8,172	11,248	16,616	22,805	33,006	48,778	38,582	27,890
사하	958	1,789	6,336	10,624	14,861	19,427	21,966	15,427	17,672
추콧카	425	-	4,458	4,934	4,451	5,126	5,093	3,974	2,680
합계	17,399	45,931	53,050	68,498	77,587	104,835	140,402	115,287	94,592
비율	8.2%	12.8%	11.5%	9.8%	7.7%	6.1%	5.8%	5.2%	5.8%

자료 : 2002년과 2004년 수치는 다음 자료에서 재구성하였다. 『러시아 노동과 취업』, 2003: 298-300, 2005: 329-331. 나머지 연도 수치는 다음 자료에서 재구성하였다. 『러시아 지역: 사회-경제 지표』, 2011: 128-129. 아르한겔스크와 네네츠 수치는 모두 따로따로 계산된 것이다. 2001년과 2003년 수치는 통계청에서 제공하지 않았다.

다. 러시아에 유입되는 다양한 국적의 외국인 노동자가 증가하거나 감소하는 데에 영향을 주는 요인은 복합적이어서 몇 가지 원인으로 이 상황을 설명하기는 힘들다. 다만 외국인 노동자가 증가하는 데에 중요한 배경이 된 것으로 추정할 수 있는 계기는 2005년 러시아 정부의 이주정책 변화였다고 할 수 있다. 당시 러시아 인구가 감소하는 데에 문제의식을 느끼고 푸틴 대통령은 러시아 연방 안전보장이사회 특별회의(специальное заседание Совета Безопасности РФ)를 소집해 대외이주정책 노선을 변경할 것을 결정했다. 정책의 요지는 이주자들을 방치하지 말고 그들의 마음을 사로잡아 그들이 새로운 곳에서 안정적으로 정착할 수 있도록, 그리고 새로운 조건에 적응하고 러시아 사회에 통합될 수 있도록 지원하는 것이었다.[14] 그 후 2006년 7월 푸틴 대통령은 노동이주민의 법적 등록을 간소화하는 명령서에 서명했고, 2007년 1월부터 법안이 시행되었다.[15] 따라서 이러한 정책 변화에 따라 2000년대 중반 이후 외국인 노동자가 증가하기 시작했다.

이러한 추세에 따라 2000년대 북극 지역 외국인 노동자도 증가하였다. 2000년대 초반에는 만 명대에 불과했지만, 2000년대 중반에는 5만 명을 넘어 후반에는 10만 명이 넘은 때도 있었다. 2005-09년까지 5년간 러시아 북극 지역으로 순유입된 국제이주민 누적 총수는 38,512명인데(<표 7> 참조), 2005년에는 외국인 노동자가 68,498명에서 2009년에는 115,287명으로 46,789명이 늘었다(<표 8> 참조). 이 기간에 유입된 국제이주민의 다수가 외국인 노동자로 러시아 북극 지역에 유입되었다고 짐작할 수 있는 수치이다. 다만, 러시아 전체 외국인 노동자 중에서 북극 지역 외국인 노동자 비율은 2000년대 초반에는 11-12%에 달했는데, 후반에는 5-6%대로 떨어졌다. 하지만 2010년대 후반 북극 지역 외국인 노동자는 약 10만 명을 유지했다. 외국인 노동자가 특히 많아 수만 명에 달했던 지역은 야말-네네츠, 크라스노야르스크, 사하 등이다.

2010년대에는 러시아 통계청의 외국인 노동자 집계 기준이 좀 달라졌는데, 전술한 바와 같이 다시 합산하여 재구성한 것이 <표 9>이다. 러시아에서 2011년 약 180만 명이었던 외국인 노동자는 2014년 약 312만 명까지 늘었지만, 그 후 줄어 2017년 시점 176만 명이 되었

14) 새로운 대외이주정책에 대해서는 다음 참조. Переведенцев, 2007: 67. 당시 인구문제에 대한 논쟁과 사회분위기에 대해서는 다음 참조. Ловцова и Ярская-Смирноваб 2005: 78-104.

15) 관련 법 제정과 절차에 대해서는 다음 참조. Малахов, 2010: 151-158.

<표 9> 러시아 외국인 노동자 추이
(2011-2017년, 단위: 명 / 취업 허가 취득자와 노동 특별증명서 취득자 합산 통계)

	2011	2013	2014	2015	2016	2017
러시아	1,792,829	2,229,327	3,123,606	1,838,658	1,687,317	1,764,075
카렐리	3,144	4,341	4,085	1,740	1,510	1,817
코미	4,905	5,894	5,764	2,954	2,724	2,586
아르한	2,930	2,695	3,200	1,785	1,712	1,909
네네츠	1,199	1,533	1,424	882	697	593
무르만	2,565	3,374	3,815	1,924	1,931	2,338
야말	19,014	27,274	27,792	15,125	12,757	11,569
크라스	35,479	32,788	42,206	24,784	21,350	22,608
사하	17,826	23,519	21,872	7,453	6,576	6,113
추콧카	769	1,382	1,272	945	875	868
합계	87,831	102,800	111,430	57,592	50,132	50,401
비율	4.9%	4.6%	3.6%	3.1%	3.0%	2.9%

자료 : 다음 자료들을 합산, 재구성하여 작성하였다. 『러시아 지역: 사회-경제 지표』, 2012: 144-145, 2016: 204-205, 2017: 218-221, 2018: 167-170. 2012년 수치는 통계청에서 제공하지 않았다.

다. 2014년 이후 외국인 노동자가 급감한 이유는 서방의 대러시아 경제 제재를 원인으로 꼽을 수 있다. 국가적으로 경제가 악화하면서 기업이 문을 닫거나 실업자가 늘어나는 상황이었기 때문에 자연스럽게 외국인 노동자의 규모도 줄어들 수밖에 없었다.

러시아 북극 지역의 경우 외국인 노동자는 2014년 약 11만 명이었지만 그 후 줄어 2017년에는 약 5만 명이 되었다. 러시아 전체 외국인 노동자 중에서 북극 지역 외국인 노동자가 차지하는 비율도 줄어 2010년대 초반에는 약 5%였지만, 2017년에는 약 3%가 되었다. 하지만 여전히 최근에도 러시아 북극 지역에는 국제이주민이 매년 약 12,000명 정도 순유입되고 있고, 외국인 노동자 규모도 5만 명대를 유지하고 있다. 야말-네네츠와 크라스노야르스크에는 여전히 수만 명대의 외국인 노동자가 거주하고 있다.[16] 이로써 러시아 북극 지역에서는 시장 개혁기 이후 현재까지 인구가 계속 유출되고 있음에도 불구하고 외국인 노동자로서의 국제이주민은 지속해서 유입되고 있음을 알 수 있다.

V. 결론

북극 지역 인구는 1990년 약 972만 명에서 2017년 780만 명으로 약 20%인 192만 명이 감소하였고, 이러한 감소 현상은 현재까지 지속하고 있다. 사실 북극 지역에서는 2007년부터 인구의 자연증가가 시작되었는데, 그런데도 인구의 유출이 더 큰 규모로 계속되어 현재까지도 전체 인구는 줄고 있다. 따라서 북극 지역의 인구학적 상황은 부정적이라고 평가할 수 있다.

러시아 북극에서 2000년대 중반부터 인구의 자연증가가 시작되었음에도 1990년대 초부터 그 시점까지 진행되었던 자연감소는 심각한 후유증을 남겼다. 2000년대 중반부터 노동 인구의 비율이 낮아지기 시작해 2005년 67%에서 2017년 58%가 되었다. 이 비율은 러시아 전체 평균치보다 더 큰 폭으로 낮아진 것이어서 심각성을 더한

16) Ⅲ장에서 언급했지만 바로 이들 지역을 중심으로 인구가 점진적으로 늘고 있다. 북극 지역에서 외국인 노동자들이 가장 집중적으로 취업하고 있는 분야는 광업 및 건설업이다. 그 다음으로는 미숙련 노동과 운수업을 꼽을 수 있다. 지역별 외국인 노동자들의 취업 분야에 대한 정보는 『러시아 지역: 사회-경제 지표』 2012-2015년판에만 제한적으로 제공되어 있다. 다음 참조. 『러시아 지역: 사회-경제 지표』, 2012: 146-149, 2013: 136-139, 2014: 114-117, 2015: 174-177.

다. 외부로부터의 인구 유입을 고려하지 않고 내부 주민의 인구학적 상황만을 고려했을 때 북극 지역 노동 인구 비율이 회복되는 것은 2020년대 중반은 되어야 할 것으로 추정된다. 러시아 북극 지역에서 노동 인구 비율의 추이를 정리하고 전망한 것은 이 논문의 성과 중 하나라고 할 수 있다.

러시아 북극 지역에서 인구 유출은 심각한 사회 문제이다. 1990년대와 2000년대 초에는 만 명당 평균 순유출 규모가 100명이 넘었고, 2000년대 중반부터 2017년까지도 매년 평균 순유출 규모는 대체로 만 명당 50-80명에 달하고 있다. 동시에 주목해야 해야 할 것은 러시아 북극 지역은 유입과 유출이 모두 다른 지역에 비해 큰 규모로 일어나고 있다는 점이다. 다만, 유출 규모가 더 커서 인구가 줄고 있다. 특히 북극 지역 중에서도 최북단에 있는 네네츠, 무르만스크, 야말-네네츠, 추콧카의 경우 인구의 유입과 유출 비율이 러시아 전체 지역보다 약 2-3배 높다. 무르만스크, 야말-네네츠, 추콧카의 경우는 특히 지역 외 이주 비율이 상당히 높다.

그런데 국제이주민의 경우 이들이 러시아 북극 지역으로 꾸준히 순유입되는 현상이 나타나고 있다. 북극 지역으로 순유입되는 국제이주민은 2000년대 중반 이후 현재까지 매년 대략 10,000-13,000명 정도의 규모를 유지하고 있다. 특히 우크라이나와 타지키스탄, 키르기스스탄으로부터 상당수 이주민이 유입되고 있다. 이들은 대체로 외국인 노동자들이다. 2000년대 중반 국제이주와 외국인 노동자에 대한 규제가 완화되면서 러시아 북극 지역에서도 외국인 노동자가 늘기 시작했는데 매년 약 10만 명 전후한 규모를 유지했다. 다만 2014년 이후는 서방의 경제 제재로 러시아 경제 사정이 악화하면서 외국인 노동자가 약 5만 명대로 축소되었다. 하지만 야말-네네츠, 크라스노야르스크, 사하 등에는 규모는 작아졌지만, 여전히 적지 않은 수의 외국인 노동자가 거주하고 있다. 최근에 이들 지역에서는 인구가 점차 증가하고 있다.

이처럼 인구가 전체적으로 계속 유출되고 있음에도 불구하고 외국인 노동자로서의 국제이주민은 러시아 북극 지역으로 꾸준히 유입되고 있다. 이들은 이 지역의 인구 감소의 속도를 늦출 뿐 아니라 부족한 노동 인구를 충원할 수 있는 중요한 인적 자원이라고 할 수 있다. 국제이주민과 외국인 노동자의 유입 상황에 대해 통계 정보를 분석하여 이들이 이 지역의 중요한 인적 자원이 될 수 있음을 밝힌 것 역시 이 논문의 성과 중 하나라고 할 수 있다.

이 연구는 러시아의 북극 지역을 하나의 독립적인 지역 단위로 묶어 인구와 이주민 추이를 분석했다는 데에 의의가 있다. 또한, 시장 개혁기 이후 거의 30년간 축적된 통계 정보를 활용하여 북극 지역의 인구학적 특성의 경향을 보다 객관적으로 추적할 수 있었다는 데에도 중대한 의의가 있다. 러시아 북극 지역에 대한 인구학적 특성 분석을 바탕으로 앞으로는 북극 지역 간 비교 및 유형화, 그리고 개별 지역에서 포착된 인구학적 현상에 대한 구체적인 원인 분석 등 세밀한 연구를 추진할 필요가 있다.

참고문헌

제성훈·민지영. 2013. 『러시아의 북극개발 전략과 한·러 협력의 새로운 가능성』. 대외경제정책연구원 전략지역심층연구 13-08.

최우익. 2011. 「러시아의 인구감소와 국제이주민의 유입: 인적자원 문제와 관련하여」. 『동북아문화연구』(동북아시아문화학회) 제26집. pp. 613-633.

최우익. 2018. 「러시아 북극권 주민의 사회경제적 변화와 특성」. 『러시아연구』(서울대학교 러시아연구소) 제28권 제1호. pp. 207-238.

한종만 외. 2010. 『러시아 북극권의 이해』. 서울: 신아사.

Young, T. Kue and Bjerregaard, Peter. 2007. *Health Transition in Arctic Populations*. Toronto: University of Toronto Press Incorporated.

Ловцова, Н. И. и Ярская-Смирнова, Е. Р. 2005. "Демогафическая проблема: кто винават и что делать?" *Мир России*. № 4, сс. 78-104.

Макар, С. В. 2015. "Векторы пространственного развития Арктической зоны России," *Российская Арктика – территория права*. Москва-Салехард: Юриспруденция.

Малахов, В. С. 2010. "Иммиграционные режимы в государствах запада и в России: теоретико-политический аспект." *ПОЛИС*. № 4. сс. 151-158.

Переведенцев, В. И. 2007. "Демогафические перспективы России." *СОЦИС*. № 12, сс. 58-69.

Подвинцев, О. Б. и др. 2016. *Российская Арктика в пойсках интегральной идентичности*. Москва: Новый хронограф.

Ревичи, Б. А. 2016. *Демографические процессы, динамика трудовых ресурсов и риски здоровью населения европейской части Арктической зоны России*. Москва: ЛЕНАНД.

Силин, А. Н. 2016. *Социальные проблемы Арктического региона*. Тюмень: ТИУ.

Росстат. 2001. *Демографический ежегодник России*. Москва: Росстат.
Росстат. 2005. *Демографический ежегодник России*. Москва: Росстат.
Росстат. 2006. *Демографический ежегодник России*. Москва: Росстат.
Росстат. 2007. *Демографический ежегодник России*. Москва: Росстат.
Росстат. 2008. *Демографический ежегодник России*. Москва: Росстат.
Росстат. 2009. *Демографический ежегодник России*. Москва: Росстат.
Росстат. 2010. *Демографический ежегодник России*. Москва: Росстат.
Росстат. 2012. *Демографический ежегодник России*. Москва: Росстат.
Росстат. 2013. *Демографический ежегодник России*. Москва: Росстат.
Росстат. 2014. *Демографический ежегодник России*. Москва: Росстат.
Росстат. 2015. *Демографический ежегодник России*. Москва: Росстат.
Росстат. 2017. *Демографический ежегодник России*. Москва: Росстат.
Росстат. 2001. *Регионы России. Социально-экономические показатели*. Москва: Росстат.
Росстат. 2010. *Регионы России. Социально-экономические показатели*. Москва: Росстат.
Росстат. 2011. *Регионы России.* Социально-экономические показатели. Москва: Росстат.
Росстат. 2012. *Регионы России. Социально-экономические показатели*. Москва: Росстат.
Росстат. 2013. *Регионы России. Социально-экономические показатели*. Москва: Росстат.
Росстат. 2014. *Регионы России. Социально-экономические показатели*. Москва: Росстат.
Росстат. 2015. *Регионы России. Социально-экономические показатели*. Москва: Росстат.
Росстат. 2016. *Регионы России. Социально-экономические показатели*. Москва: Росстат.
Росстат. 2017. *Регионы России. Социально-экономические показатели*. Москва: Росстат.

Росстат. 2018. *Регионы России. Социально-экономические показатели*. Москва: Росстат.

Росстат. 2015. *Российский статический ежегодник*. Москва: Росстат.

Росстат. 2016. *Российский статический ежегодник*. Москва: Росстат.

Росстат. 1999. *Труд и занятость в России*. Москва: Росстат.

Росстат. 2003. *Труд и занятость в России*. Москва: Росстат.

Росстат. 2005. *Труд и занятость в России*. Москва: Росстат.

"Арктическая зона Российской Федерации(АЗРФ)"(2016), Политобразование, 2016.10.29, http://lawinrussia.ru/content/arkticheskaya-zona-rossiyskoy-federacii-azrf(검색일: 2018.03.17.).

"Арктическая зона Российской Федерации", http://arctic-megapedia.ru/wiki/Арктическая_зона_Российской_Федерации(검색일: 2018.03.02.)

"О сухопутных территориях Арктической зоны Российской Федерации (с изменениями на 13 мая 2019 года)", http://docs.cntd.ru/document/499093267(검색일: 2019.10.26.)

"Перечень районов Крайнего Севера и приравненных к ним местностей на 1 января 2009 года", Федеральная служба государственной статистики, http://www.gks.ru/bgd/regl/b0922/isswww.exe/stg/territoriya.htm(검색일: 2018.03.14.).

"Районный крайнего севера России", https://yandex.ru/images/search?text=районный_крайнего_севера_россии(검색일: 2018.03.02.).

"Российская Арктика или Арктическая зона?", http://narfu.ru/aan/Encyclopedia_ Arctic/RA-AZRF.PDF(검색일: 2016.07.02.).

제2장

북극항로 협력 등 한·러 무역 활성화 구축 방안

김봉철

기후변화와 기술 발전에 따른 북극권 개발이 활발하게 진행되고 있다. 이러한 개발이 국제 거래와 경제적 이익으로 연결되었으나 문제점을 낳기도 하므로 관련 규범의 보완을 통하여 지속 가능한 개발로 이어질 수 있는 장치가 필요하다. 이 지역 개발에 많은 관심을 두고 있는 러시아도 경제적 이익 획득에 수반되는 문제점들을 고민하고 있다. 러시아의 북극권 개발은 북극항로의 새로운 개척과 활용 방법의 확대로 이어진다. 북극항로의 개척으로 한국은 운송 효율성과 국제 거래 활성화, 그리고 새로운 시장 창출이라는 가능성을 얻을 수 있다.

한국과 러시아는 다양한 경제 협력을 진행해왔으며, 투자와 상품 교역의 확장으로 러시아 시장에서 한국 제품을 만나는 것은 일상

이 글은 『무역학회지』 제44권 제4호(2019)에 게재된 논문 「북극항로 협력 등 한-러 무역활성화 구축을 위한 연구」를 수정 보완한 것임.

이 되었다. 이와 같은 한국과 러시아의 이해관계를 반영하여 효과를 지속시키기 위한 법적 기반이 필요하다. 예를 들어, 한·러 FTA의 추진을 통하여 협력의 법적 기반을 강화할 수 있을 것이다. 양국은 한·러 FTA가 기존의 국제법 질서, 그리고 한국과 러시아가 이미 체결한 FTA들과 조화될 수 있도록 고민해야 한다. 또한, 새로운 FTA 체결에 따른 국내법의 정비와 함께 신산업 출현에 잘 대응하는 등 FTA의 효율적인 활용에 관한 연구도 필요하다. 한국과 러시아의 경제 협력을 위한 법적 기반은, '북극 지역 개발과 북극항로 개척'이 지속 가능성을 반영하고 국제 거래의 활성화로 연결하려는 목적을 충분히 반영하는 것이어야 한다. 이와 함께 양국은 경제적 이익을 위한 법적 기반들이 경제적 의미를 뛰어넘어 안보 및 한반도 문제와 같은 비경제적 논의에도 도움이 될 수 있다는 점을 고려해야 한다.

I. 머리말

여러 가지 정의가 존재하기는 하지만, 일반적으로 북위 66도 이북의 지역 또는 그 위도선을 지칭하는 이른바 '북극권'(Arctic Circle)은 북반구의 지리학상 한대와 온대를 구분하는 경계선이다. 이 경계선은 동시에 동지와 하지의 명암을 가르는 기준이기도 하므로, 하지에는 이 위도선상에서 태양이 지평선 밑으로 지지 않는 백야현상이 발생하고 북극권이라는 정의가 위도선만을 지칭하는 경우도 있다. 그러나 북극권은 극점을 중심으로 하는 북반구 고위도지대의 총칭으로서도 사용되는 것이 일반적이다.

이 지역은 오랫동안 인간의 힘이 미치지 않는 곳으로 남아 있었다. 그러나 지구온난화와 같은 환경변화로 개발가능성이 커지고 있다(Murphy, 2018). 한편 북극권에 가장 많이 인접한 러시아는 최근 이 지역의 석유와 가스 등 지하자원과 새로운 항로를 개발하는 여러 프로젝트를 활발하게 진행하고 있다. 예를 들어, 러시아는 연방정부 차원에서 이른바 '극동·북극개발부'(Ministry for the Development of the Russian Far East and Arctic)를 설치하려는 계획을 추진하는 등 적극적인 노력도 지속하고 있다(Atle, 2019). 러시아 연방정부의 정책적 지원을 바탕으로, 북극권에 연관된 지방정부가 개별적인 사업들을 시행하기도 한다.

이러한 상황은 국제경제의 세계화에 영향을 받고 있으며, 지역사회도 많은 변수에 연결된다. 실제로 러시아 북극권 지역사회는 산업개발과 세계화로 현재까지 다양한 변화를 겪고 있고, 해결하기 어려운 문제들에 놓이기도 한다. 실제로 개발과 현대문명 유입이 이 지역의 소수 토착민들을 둘러싼 자연환경과 전통문화에 변화를 일으키면서, 이들의 생존방식에도 위기를 촉발하고 있다. 국제사회는 이 과정에서 북극권을 보존하려는 문제에도 상당한 관심과 노력이 투입되는 지속가능한 개발방식들을 모색하고 있다(Zadorin, Klisheva, Vezhlivtseva and Antufieva, 2017).

연혁에 비추어 보면, 한국과 러시아 사이의 경제협력은 구 소련과의 수교와 체제의 변화와 함께 1990년대 초부터 본격적으로 시작되었다. 현재는 기존의 단순한 상품무역관계에서 벗어나, 자원개발 공동사업 등을 통한 경제적 이익을 나누고 다양한 경제협력방식을 발굴하려는 상황으로 발전하고 있다. 특히 러시아 연방정부가 극동-시베리아 지역에 대한 경제적 의미를 더 부여하면서, 이 지역에 대한 지원과 개발을 시도하는 것은 한-러 경제협력에도 큰 전환점이 될 수 있다. 이미 국내에서는 러시아 북극권 개발과 자원의 활용, 북극항로와 물류노선 확대 등에 관련된 연구가 활발하게 진행되고 있다. 특히 정부의 '신북방정책' 등과 연계되어 이러한 현상은 가속화되고 있는 상황이다.

따라서 러시아 북극권 개발에 관련된 기존 국내연구는, 주로 이 지역의 자원이나 항로의 개발, 지구온난화로 인한 기후나 환경의 변화에 관련된 러시아 정부의 정책분석과 한국의 전략을 제안하는 것에 집중되었다. 특히 북극의 빙하가 지구온난화로 인하여 줄어들면서 북극항로의 개발가능성이 현실화되었고 한국 기업들의 관심이 급격하게 증가하였기 때문에, 이러한 목적을 가진 관련 연구대상도 북극항로의 개발과 글로벌 물류 네트워크 구축에 모아지고 있다. 그러나 기존의 국내연구 성과들은 러시아와 한국의 정책과 정치적 상황들을 고려하여 단기적인 제안에 그치는 경우가 많았다.

북극권 개발과 관련된 국제사회의 법규들은 꾸준히 규율범위를 확장하고 있다. 러시아는 국제사회의 일원으로서, 북극지역 개발과 보존에 관하여 국제법을 존중하고 그 기준을 준수할 의무를 가진다. 동시에 러시아 정부는 국제법의 기준을 바탕으로 국내법적 규율을 강화하는 모습도 보이고 있다. 다만 러시아는 국제사회의 경제제재 조치 이후 이 지역 개발과 관련한 일부 논제에 있어서 국제사회의 논의와 다른 의견을 제시하기도 하며, 이에 따라 다른 국가와 정책 및 제도의 충돌을 피하지 못하기도 한다.

한-러 사이의 북극권 개발과 관련된 교류를 확대하기 위해서는, 법적 관점에서 제도의 충돌 문제를 살펴볼 필요가 있다. 특히 이 논제에 특화된, 충돌을 피하기 위한 한-러 양자 간 규범체계를 새롭게 설정하는 것이 관심의 대상이 된다. 본고에서는 러시아 북극권 개발에 관련될 수 있는 국제/국내법적 논의들을 살펴보고, 이로부터 한-러 FTA 추진과 같은 향후 논의될 수 있는 법적 과제들을 도출하고자 한다.

II. 러시아의 북극권 개발과 한국의 참여가능성

1. 러시아의 북극권개발

북극권은 자원개발과 항로의 이용 등 새로운 경제개발 기회를 제공해 줄 수 있어서, 전 세계적으로 많은 관심을 받고 있으며 논의도 활발하다. 북극권에 인접한 국가들은 1989년 북극의 환경보존을 위한 논의를 시작하여, 1991년 6월 '북극환경보호전략'(Arctic Environmental Protection Strategy, AEPS)이라는 기구를 설립하였다. 이러한 노력은 북극의 지속가능한 개발정책들을 논의하기 위해서 창설된 정부 간 협의기구인 '북극이사회'(Arctic Council)로 연결된다. 북극권 8개국은 1996년 '오타와 선언'을 통해 포럼 성격의 북극이사회를 발족하였다. 현재 북극이사회는 많은 옵저버 국가들을 비롯하여 다양한 국제기구들과의 협력활동도 진행하고 있다.

러시아 입장에서는 이 지역의 경제적 가치가 매우 크기 때문에 국제사회의 경제제재조치 등 어려움을 극복하는 발판이 북극권이라고 생각할 수 있으며(Kim, 2017), 나아가 이 지역이 자원공급의 거점이라는 단순한 경제적 관점을 넘어서 국가안보를 비롯하여 정치·군사·기술·환경 등 많은 분야에서 이익을 제공할 수 있을 것이라고 판단한다. 러시아에게 북극은 미래의 존재감을 제대로 인식시켜줄 수 있는 대상이 되는 것이다. 이러한 목적을 위해서 러시아 정부는 북극권에 대한 안보적 인식을 확보하면서 경제적 개발을 위하여 많은 노력을 기울이고 있다(Seidler, 2010).

이 지역의 개발가능성은 관광산업의 개발부터 대규모 자원개발에 이르기까지, 다양한 스펙트럼을 가진다. 각각의 개발가능성은 서로 연결되어 시너지 효과를 기대할 수도 있다. 예컨대 북극권의 자원개발이 북극항로 개척과 함께 더욱 가속화될 것이라는 예상이 충분히 가능하다. 러시아는 미국 등 서방 국가들의 경제제재로 북극권에서 자원개발에 영향을 받고 있지만, 제재의 대상이 아닌 자원들을 개발하는 것에 여전히 관심을 두고 있다. 특히 이 지역 해양을 가로지르는 이른바 북극항로의 개척과 활용은 최근 기후변화와 함께 많은 관심을 받고 있다.

러시아는 북극권 개발과 보존에서 혁신적인 시스템을 개발하고 도입하는 것에 적극적이다. 대표적인 사례가 북극권 도시들에 4차 산업혁명 기술을 도입하고 스마트시티를 구축하려는 움직임이다. 러시아는 연방정부 차원에서 북극권의 지속가능한 개발을 실현하기 위한 목적으로 외국의 기업들과 협력관계를 맺고 선진기술을 도입하려는 노력을 꾸준히 실천하고 있다. 예를 들어, 러시아는 이미 일본의 첨단기술을 도입하여 '블라디보스토크'(Vladivostok)를 비롯한 일부 도시에 스마트시티 시스템을 구축하기 시작했다. 물론 이러한 노력이 넓은 러시아 북극권 전체에 실현되려면 상당한 시간과 노력이 필요하겠으나, 장기적으로 보면, 향후 러시아 정부는 인구가 점점 줄어드는 북극권 거주지들에 스마트시티 시스템을 단계적으로 구축할 것이라고 예상할 수 있다.

북극권 개발과 관련하여, 현재 '북극해'(Arctic Ocean)를 관통하는 이른바 '북극항로'(Northern Sea Route, NSR)에 대한 관심도 크게 증가하고 있는 상황이다. 북극항로는 북미와 유럽을 잇는 캐나다 해역의 북서항로와 아시아와 유럽을 잇는 러시아 해역의 북동항로로 나뉜다(Yun, 2009). 특히 북동항로는 한국을 포함한 동아시아와 유럽을 연결하는 항로 중에서 수에즈 운하를 경유하는 현재 일반적인 방법보다 거리가 짧고, 항해일수와 물류비를 크게 단축할 수 있다는 장점을 가진다(Humpert and Raspotnik, 2012). 북극항로는 부산에서 북유럽까지 물류운항은 운항시간을 최대 절반까지 단축할 수 있는 등, 잘 활용된다면 전 세계의 물류체계에 혁신을 가져올 것이라는 전망도 가능하다(Hong, 2012).

그동안 북극항로 개척은 혹독한 추위와 사고의 위험을 부담하면서 특수한 연구를 수행하기 위하여 '쇄빙선'(ice breaker ship)을 활용하는 등 시범적 성격이 강했다. 그러나 최근에는 기후변화에 따른 온난화 경향, 과학 및 통신기술과 조선기술의 발전, 북극권 개발에 따른 물류수요 확대가 겹치면서 경제적 활용 목적의 북극항로 활용이 관심이 받고 있다. 특히 기후온난화로 빙하가 줄어들고 쇄빙기술이 발달하면서 이 항로의 이용이 크게 확대될 것으로 전망되고, 러시아를 비롯한 세계 여러 국가들이 적극적으로 북극항로의 활용에 나서고 있는 상황이다(Park, 2016). 한국도 쇄빙연구선 아라온호 등을 통하여 북극항로를 탐사하였고, 상업적 이용을 위한 노력을 지속하고 있다.

그러나 국제법상 어느 국가에도 속하지 않는 땅으로서 이른바 '무주지'(Terrae Nullius)인 남극과 비교하여, 북극권은 러시아·캐나다· 등의 국가들이 영유권을 가진 곳이 있다. 따라서 선박이 북극해를 통과할 때, 이들 국가와의 협의가 중요시 된다. 또한 북극해는 여름에도 바다가 얼어있기 때문에 선박에 쇄빙장치가 필요하고, 겨울에는 운항속도를 낮춰서 이동해야 한다는 어려움이 있다. 쇄빙선을 뒤따르는 선박도 여느 선체로는 이동이 어려워 새롭게 설계된 선박이 필요하다. 항로·기상 등에 관해서도 아직 정확하고 많은 자료가 알려지지 않아서 위험요소가 존재한다.

북극권 개발과 북극항로의 관련성을 보여주는 대표적인 사례는, 러시아 '야말반도'(Yamal Peninsula)의 개발을 위하여 프랑스와 중국이 투자한 '야말 액화천연가스(LNG) 프로젝트'이다. 이 지역은 석유 약 25억 톤, 가스 약 35억 톤의 매장량을 보유하고 있는데, 개발된 자원을 유럽과 극동아시아 지역으로 운송하는 물류기지를 건설하는 것이 프로젝트의 핵심이다. '추코트카'(Chukotka) 지역의 구리광산 개발과 '캄차카'(Kamchatka) LNG 환적터미널 건설도 이러한 프로젝트와 연결되어 있다. 특히 캄차카 프로젝트는 야말 LNG 등에서 생산된 LNG를 북극항로로 아시아-태평양 지역에 운송하기 위한 것이다(Hodges, Shiryaevskaya and Khrennikova, 2018).

2. 한-러 북극항로 협력가능성

러시아가 북극권에 관심을 가지고 다양한 개발을 시도하고 있다면, 한국은 러시아와의 경제협력을 위한 축으로서 기업들의 역량을 고려한 현실적인 참여방법을 찾아야 한다. 지분확보를 통한 자원개발 참여, 신소재 및 핵심기술 개발, 항만 현대화 사업 등의 추진을 그 방편으로 제시할 수 있다. 현재 러시아 북극권의 자원개발은 진행되고 있으나, 국내기업들은 세계적인 기업들과 달리 아직 북극권에 특화된 기술을 보유하고 있지 않으며, 집중적인 투자를 위한 자본력도 부족하다. 따라서 투자위험을 줄일 수 있는 공동투자, 즉 지분확보 방식부터 시작하는 것이 바람직할 것으로 본다.

향후 북극권 개발이 활성화되면 탐사와 항해는 물론, 자원의 채굴·수송·저장 등에 필요한 선박과 장비의 수요도 증가할 것이다. 따라서 이와 관련된 신소재 및 핵심기술 개발에 투자하면서, 러시아 연구기관과의 공동연구와 기술교류 등을 시도해야 한다. 최근 북극의 기후변화와 시설 노후로 인해 러시아의 항만 인프라의 보수가 시급한 상황이다. 따라서 한국이 보유한 항만개발 기술에 적합한 항만현대화 사업에 적극적으로 참여할 수도 있다(Jeh and Min, 2014).

북극해를 관통하는 북극항로는 유럽과 아시아 또는 북미 사이의 운송에 효율성을 제공한다. 2010년을 전후로 북극항로 활용이 상업적으로 다양하게 시도되었는데, 2010년 4회에서 시작되었던 상업적 북극항로 활용이 2011년 41회, 2012년 46회로 늘었고, 2013년에는 71회로 재차 크게 증가하였었다(Arctic Bulk, 2019). 2017년에는 북극항로를 통하여 1,070만 톤의 화물이 운송되었고, 심지어 2018년 여름 선사 '머스크'(Maersk)는 쇄빙선의 도움 없이 북극해 항로를 통과하는 첫 컨테이너선 '벤타-머스크'(Venta Maersk)의 항해를 성공시켰다(Hankyoreh, 2018). 이를 바탕으로 머스크는 최근 러시아 쇄빙선 업체와 협력하여 북극항로 운항을 고려중인데, 연중 운항가능 일수와 쇄빙으로 인한 비용증가가 추가적으로 검토되어야 할 문제로 부각되고 있다(Baker, 2019).

수송조건이 간단하고 특정화물의 수요만 적정하면 선박의 투입이 비교적 용이한 벌크화물이 북극항로 활용 초기에 이용될 가능성이 높은 화물이다. 향후 북극권 자원개발에 따라서 북극항로가 동북아시아로의 직접적인 수송수요가 크게 발생할 것이며, 천연가스와 석유 등이 북극항로를 통해서 대규모 수입국인 일본, 한국, 대만 등으로 유입될 수 있다. 다만, 정기선 서비스의 대표적인 컨테이너운송은 지속적으로 이루어져야만 운송이 가능하기 때문에 중장기적으로 고려할 사항이다. 세계 컨테이너운송 시장은 선박의 대형화로 인한 규모의 경제를 실현하고 있다. 그러나 북극항로의 경우에는 선박 흘수의 제한으로 규모의 경제를 실현하는 것이 어려우며, 아직은 위험성이 높아서 보험료와 통항료로 인하여 경제성이 낮은 상황이다 (Park and Lee, 2015).

한국 정부는 2010년 유라시아 대륙을 하나의 경제공동체로 묶고 북한에 대한 개방을 유도해 한반도의 평화를 구축하는 방안으로서, 러시아와 중앙아시아 등을 아우르는, 이른바 '유라시아 이니셔티브 프로젝트'(Eurasia Initiative Project)를 시작하였다(Kim, 2015). 이 프로젝트의 연장선에서 러시아 북극지역과 북극항로에 대한 국내의 관심도 많아졌다. 특히 기후온난화 등의 현상을 활용할 수 있다는 판단에 따라서, 북극지역 해상경로를 개척하여 바닷길을 이용한 물류네트워크를 확장하려는 계획을 가지게 되었다. 육로의 경우에는 물류 이동을 위한 철도와 국가 간 협정 등으로 상당한 시간이 소요되지만, 바닷길은 이미 구축된 항로를 이용해 물류네트워크를 수월하게 구축할 수 있다는 장점이 있었기 때문이다.

당시 북극항로의 개척과 연관되어 한국 정부가 관심을 가졌던 것이 러시아 극동지역의 항만을 연결하려는 시도였다. 이것은 물류와 에너지 네트워크를 강화한다는 차원에서 한국의 항만과 북극항로, 대륙철도, 러시아 극동항만 등을 연결하려는 구상이다. 정부가 해양 쪽에 관심을 두었던 큰 이유는, 물류시장 비중이 항만에 집중되었기 때문이다. 세계 물류시장의 약 28%를 유라시아 물류시장이 차지하고 연간 11% 이상 성장하고 있음을 감안하면, 이 지역이 관심의 대상이 되는 것은 당연하다.

2013년 9월 현대 글로비스는 국내선사 최초로 북극항로 상업용 시범운항에 성공했다. 이와 함께 한국 정부는 2014년 1월부터 항만시설 사용료 감면 근거를 마련하고 5월에는 극지운항 인력양성 추진 등 인프라 확대도 시도하였다. 현재 극지연구소를 비롯하여 국내의 많은 연구가 이어지고 있으며, 과학기술분야의 연구에 더하여 최근에는 인문사회과학 분야의 연구까지 진행되고 있는 상황이다. 이러한 연구를 통하여 북극항로의 상용화에 관한 여러 가지 문제점들을 분석하고 해결점을 찾을 수 있을 것이다.

3. 북극권 개발 관련 산업의 성장가능성

북극권 개발은 관련 산업들도 함께 성장할 수 있는 기회를 제공할 것이다. 예를 들어, 자원개발은 많은 환경문제를 낳을 것이라는 우려에도 불구하고 러시아 연방정부의 많은 기대를 받으며 지속되고 있는 분야이다. 특히 자원개발과 직접적인 연관성을 가진 플랜트 시장은 매우 빠르게 성장하고 있다. 2000년 82억 달러 정도의 규모였던 러시아 플랜트 시장은, 10년만인 2010년에 약 두 배에 가까운 158억 달러로 성장하였다.

러시아 플랜트 시장의 매력은 플랜트 수주를 한국의 자원개발과 결합시킬 가능성이 있다는 점이다. 러시아 정부가 극동 및 북극해 개발을 위해서 해양플랜트 사업을 강화하면서, 한국의 조선업계도 이를 주목하고 있다. 삼성중공업은 사할린에 33층 건물 규모의 세계 최대 해양플랫폼인 이른바 'Runsko-A'를 납품하였고, 러시아 최대 국영해운사인 '소브롬플로트'(Sovcomflot)에서 7만톤급 극지운항용 전후방향 쇄빙유조선 3척을 수주하였다.

대우조선해양도 블라디보스토크 인근 '볼쇼이 카멘'(Volshoi Kamen)지역에 위치한 러시아 국영 조선그룹 'USC'(United Shipbuilding Co.) 산하 '즈베즈다'(Zvezda) 조선소 현대화 사업에 참여하였다. 대우조선해양은 이 과정에서 LNG선, 부유식 플랜트, 시추선 등의 제작에 공동으로 참여하고 있다. 대우조선해양은 2014년 발주된 총 48억 달러 상당의 1차 '야말 프로젝트'(Yamal Project)용 쇄빙 LNG선 15척을 모두 수주했다. 쇄빙 LNG선은 북극항로의 얼음을 깨고 아시아 및 북유럽 지역에 LNG를 수송하려는 목적을 가지고 있다.

이는 한국의 기술력으로 LNG의 본격적인 북극해 운송시대를 열었고, 북극권 에너지 개발을 본격적으로 수행하는 촉매제 역할을 했다는 의미이다. 러시아로서도 북극에너지 개발과 북극항로를 통한 운송에 자신감을 갖는 계기가 되었다. 야말 LNG 프로젝트는 러시아만의 노력으로만 이루어지는 것이 아니라 한국·일본·중국·프랑스 등 외국의 참여와 지원으로 진행되는 것이며, 러시아가 서방의 경제제재 하에서도 꾸준히 수행한다는 점에 의의가 있다. 이 프로젝트는 러시아의 북극권 개발이 탄력을 받을 수 있는 여지를 만들었고, 한국도 참여할 수 있는 동기부여를 가지게 된 셈이다(김정기, 2017). 한국은 조선과 함께 석유화학 플랜트, 극동에서의 북한을 연계한 배전망, 가스관 등 다양한 분야의 가능성을 활용하는 전략을 가지고 있다.

앞서 언급한 바와 같이, 러시아 정부의 북극권 스마트시티 구축에 대한 관심은 러시아 내에서 관련 산업의 성장가능성을 예상할 수 있는 기초가 된다. 물론 이것은 기업들의 참여가능성과도 충분히 연결된다. 국내의 많은 기업들은 이미 정보통신 관련 기술들을 확보하고 있으며, 이러한 기술들을 스마트시티 건설에 적용한 경험도 풍부하다. 한국의 기업들이 확보한 관련 경험은 해외건설 현장에도 적절히 반영되어, 해외에서 스마트시티 건설 사례를 만들고 있다.

다만 성공을 위해서는 이러한 가능성의 한계를 대비할 필요도 있다. 위와 같은 한국의 전략들은 결국 정치적 합의와 연결되기 때문에, 투자하려는 대상인 러시아의 국가적 위험성을 간과하기 쉽다. 특히 극동 러시아 지역에는 중앙정부와 지방정부 사이의 알력, 과도한 세무조사와 환경 규제, 자금의 해외반출 통제 등 외환관리로 기업의 자금운영 능력에 큰 제한이 있다. 또한 예고 없는 정책변경과 기업에 대한 세무 및 환경조사로 기업이 흑자를 내면서도 도산하는 위험도 있다. 한국의 관련 산업이 극동 러시아 시장에서 경쟁하기 위해서는, 정부와 기업들이 공통적으로 충분한 위험관리능력과 자본조달능력을 확보해야만 한다.

러시아 정부와 사회는 북극권 개발과 관련하여 여러 가지 과제도 안고 있다. 예를 들어, 구 소련 또는 러시아 연방정부의 관할이 깊숙하게 미치지 못하는 북극권에 이미 오래전부터 터를 잡고 살아온 소수민족들을 비롯한 소외계층 등은 지역개발에 따른 환경 및 사회의 변화에 상당히 취약하다. 이들에 대한 관심 또는 내부적 통제라는 과제는 러시아연방 차원에서도 매우 복잡하고 쉬운 해답을 찾기 어려운 과제이다(Prina, 2014).

이러한 문제들은 소수민족에 대한 차별이나 편견, 중앙 및 지방정부의 지나친 관여 또는 권력의 남용, 이주노동자와의 갈등, 언어문화적 부적응, 교육과 사회적 참여 등의 부재 등 다양한 모습으로 드러난다. 러시아 정부는 이에 대응하여 소수민족 등에 대한 특별한 관심과 배려, 그리고 이를 수행하기 위한 정책과 제도를 헌법과 연방법 및 지방법 등 여러 법률체계를 통하여 설정하고 있으며, 국제사회의 기준과도 연동하려는 노력도 하고 있다(Garipov, 2014).

그러나 위와 같은 정책의 마련과 실행은 국제사회의 기준에 비추어 볼 때, 여전히 만족스럽지 못하고 발전해야할 부분이 많은 것이 현실이다(Zadorin, Klisheva, Vezhlivtseva, and Antufieva, 2017). 한편으로는 러시아 사회의 복잡한 구성에 문제의 원인이 있고 그것이 사회내부에서 해결되어야 하는 경우도 많지만, 또 다른 한편으로는 국제사회에서 공동의 의견을 제안하고 수행하기 위한 정부 사이의 협조와 기업의 사회적 참여를 독려하고 비정부단체 등과의 협력도 상생의 방안이 될 수 있는 것이다.

국제사회와의 공조라는 측면에서, 경우에 따라서는 한국과 같은 제3국과의 적절한 협력이 이러한 복잡한 내부적 문제를 해결하는 실마리를 제공하기도 한다. 물론 현재로서는 이러한 문제들은 러시아가 외부와 협력하여 해결할 것이라는 발상이 다소 무리일 수 있고, 그러한 노력이라는 것도 간접적이거나 추상적이고 장기적인 관점이 될 수 것이라는 평가도 가능하다. 그럼에도 불구하고, 한-러 경제협력과 새로운 산업의 발굴 과정에서 양국간 정책적 협력의 가능성을 찾거나 그 자체에서도 새로운 산업의 동력을 추출할 수 있을 것이다.

III. 러시아 북극권 개발 관련 법제적 문제

1. 북극권 관련 국제법과 러시아의 국내법적 규율: 북극항로에 관한 규범을 중심으로

인간이 북극권에 관심을 두기 시작하면서 여러 국제법 논의도 다양하게 진행되었는데, 이 지역에 관한 전통적인 국제법적 문제들은 주로 영유권에 관한 논의와 연안국들의 권리 및 관할권의 문제들이 많았다. 국제법 규정들은 다시 해당 국가들의 국내법 제정과 적용에도 영향을 주었다. 예를 들어, '유엔해양법협약'(United Nations Convention on the Law of the Sea, UNCLOS)은 북극해만을 대상으로 하는 특별한 규정이 없으나, 제234조 '결빙해역'(Ice-covered areas)에 관한 규정에서 북극해에 적용할 수 있는 해양환경보호와 보존에 대한 기본적인 원칙을 다음과 같이 제시하고 있다.

> UNCLOS, Article 234 (Ice-covered areas)
> *Coastal States have the right to adopt and enforce non-discriminatory laws and regulations for the prevention, reduction and control of marine pollution from vessels in ice-covered areas within the limits of the exclusive economic zone, where particularly severe climatic conditions and the presence of ice covering such areas for most of the year create obstructions or exceptional hazards to navigation, and pollution of the marine environment could cause major harm to or irreversible disturbance of the ecological balance. Such laws and regulations*

shall have due regard to navigation and the protection and preservation of the marine environment based on the best available scientific evidence.
연안국은 배타적 경제수역에 있는 결빙해역에서 선박으로부터의 해양오염을 방지, 경감 및 통제하기 위한 비차별적 법령을 제정하고 집행할 권리를 보유하지만, 특별히 혹독한 기후조건과 연중 대부분 그 지역을 덮고 있는 얼음의 존재가 항해에 장애나 특별한 위험을 야기하고 생태학적 균형에 중대한 피해를 초래하거나 돌이킬 수 없는 혼란을 가져올 수 있는 해양환경오염을 일으키는 경우에만 제한된다. 이러한 법령은 가능한 최선의 과학적 근거에 따라서 항행과 해양환경의 보호 및 보존을 위한 적절한 것이어야 한다.

본조에 따르면, 북극해와 같은 결빙해역에서 선박의 항해와 해양환경오염에 대한 피해가 있다고 판단되거나 그러한 우려가 있을 경우에, 해당 북극해의 연안국이 필요한 통제를 하려는 목적으로 국내법을 제정하는 등의 조치를 취할 수 있다. 실제로 연안국들은 이를 근거로 선박하역, 안전, 설계와 설비, 항행통보 등에 대한 다양한 국내법을 마련하여 적용하고 있다. 다만, 이러한 경우에도 해당 국내법은 적절한 범위와 과학적 근거가 있어야 한다는 제한이 있다. 결국, 위 국제법 조항은 북극해 연안 국가들의 국내법 마련을 위한 근거를 제공하면서도 한계를 설정하는 역할을 한다.

러시아는 이와 같은 국제법 규정을 근거로 국내법을 마련하여 시행하고 있다. 러시아에서 북극해와 관련하여 가장 기본이 되는 법률은 총 12장으로 구성된 '북극항로 항행규칙'(Safety Traffic of Rule using to at Northern Sea Route)이다. 러시아는 북극해 연안을 가장 많이 접하고 있는 국가이며, 특히 북극항로의 상당 부분이 러시아 연안을 통과해야 하는 상황이므로 러시아의 북극항로 항행규칙이 갖는 의미는 매우 크다. 러시아 북극항로 항행규칙은 북극항로의 상당 부분을 포함시키는 매우 포괄적인 규정으로, 형식적으로는 러시아 국내법에 불과하지만, 실제로는 다른 국가와 선박 등에 적용되므로 국제법 수준의 영향을 준다고 평가할 수 있다.

북극항로 항행규칙에 따르면, 러시아 연방정부에서 북극항로를 관리하는 조직은 러시아 해군성 '북해로행정국'(Administration of Northern Sea Route)이며, '무르만스크 해운회사'(Murmansk Shipping Company, MSCO)와 '극동해운회사'(Far East Shipping Company, FESCO)가 이 항로를 운항하는 특별항행 서비스 조직, 곧 해양운행본부로 지정되었다. 이 규칙은 북극항로를 통과하는 모든 선박을 대상으로 하며 소속 국가와 관계없이 적용을 강제하였다.

이 규칙에서는 러시아 정부가 북극항로의 기상여건을 고려하여 선박운항을 조정할 수 있고, 북극항로를 통과하고자 하는 선박운행자 또는 선장은 운항형태와 기간 등을 해양운행본부에 통지하고 북극해 통과를 신청해야 한다. 또한 러시아는 북극해 연안과 인근해상의 환경오염으로 인한 손해에 대한 민사책임의 일환으로 '선주재무보증서'(letter of financial shipowner's guarantee)를 선내 비치하지 않는 선박은 항해를 허가하지 못하도록 규정하였다.

이 규칙에 따르면, 북극항로 항해를 위한 선박은 반드시 정해진 요건을 충족해야 하며, 선장과 그 대리인도 빙하지역 선박운항 경험을 갖추어야 한다. 러시아 당국은 북극항로를 운항하는 선박이 항해상의 위험이나 해양오염 위협이 있을 경우에 단속검사를 실시할 수 있으며, 특정 해역에서는 '쇄빙선 도선 및 빙하수로 안내인'(ice pilot)의 승선이 의무이다. 외국 군함이 북극항로를 운항하려면 45일 전에 군함과 함장의 이름, 운항목적과 예상경로 및 시기 등을 포함한 운항계획을 러시아 정부에 제출하여야 한다. 해양사고 및 해양환경오염 등이 발생할 경우 가까운 러시아 항구 또는 해군 기지에 정보를 전달하고 선박의 안전을 확보하기 위하여 러시아 도선사가 해당 군함에 탑승해야 한다는 조항도 있다. 러시아 정부는 위 요건을 충족했음에도 사전설명 없이 외국 군함의 북극항로 운항을 거부할 수 있고, 군사적 긴급조치를 취할 권한도 있다.

북극항로에 관한 러시아의 기본적인 법제의 근거가 되고 있는 북극항로 운항규칙은, 국제법의 기준을 초과하는 지나친 제약이라는 논란이 있다. 나아가 주권면제 선박에 대해 러시아가 승인제도를 적용할 권한이 있는지도 지적도 있다(Assenova, 2019). 이러한 지적의 논리는, 러시아 정부는 이 국내법이 UNCLOS 제234조를 기반으로 환경과 해운활동을 보호하기 위하여 제정되었다고 주장하지만, 이 규정의 대상으로 포함되는 외국 군함은 UNCLOS 제234조 적용에서 배제된다는 것이다. 다음 UNCLOS 제236조는 제234조의 적용에서 배제되는 주권면제 선박에 관한 것이다.

> *UNCLOS, Article 236 (sovereign immunity)*
> *The provisions of this Convention regarding the protection and preservation of the marine environment do not apply to any warship, naval auxiliary, other vessels or aircraft owned or operated by a State and used, for the time being, only on government non-commercial service. However, each State shall*

ensure, by the adoption of appropriate measures not impairing operations or operational capabilities of such vessels or aircraft owned or operated by it, that such vessels or aircraft act in a manner consistent, so far as is reasonable and practicable, with this Convention.
해양환경의 보호와 보존에 관한 이 협약의 규정은 군함, 해군보조함 및 기타 임시적으로 국가가 소유 혹은 운영하며 정부의 비상업용 업무에 활용되는 선박이나 항공기에는 적용되지 아니한다. 다만, 각국은 자국이 소유하거나 운영하는 이러한 선박이나 항공기의 운항 또는 운항능력에 손상을 주지 아니하는 적절한 조치를 취함으로써, 이러한 선박이나 항공기가 합리적이고 실행가능한 범위에서 이 협약에 합치하는 방식으로 행동하도록 보장한다.

향후 북극권 개발과 관련된 한국과 러시아의 협력이 지속된다면, 양국은 이에 관한 국제사회의 규범을 관찰하고 필요한 경우에는 공동제안을 할 필요도 있을 것이다. 예를 들어, 자원개발에 활용되는 해양플랜트는 선박과 마찬가지로 유출사고와 오염의 위험성이 있음에도 불구하고, 아직 해양플랜트로부터의 오염피해 책임을 규율하는 일반적 국제법이 없다. 현재 이 문제들은 현재 개별 국가의 국내법이나 지역협정, 해양플랜트 운영자들 사이의 자발적 협정에 의하여 해결되고 있을 뿐이다(Yun, 2016). 한국과 러시아는 양국 사이의 협정을 체결하는 것과 함께 국제사회에 일반적 규범을 제안하는 것을 고려할 수 있을 것이다.

2. 한국과 러시아 간의 경제협력을 위한 새로운 법적기반의 필요성

한국과 러시아는 수교이후 경제협력에 관한 노력을 지속하면서 국제무대에서 다자간 조약의 확대에 함께 참여한 사례가 많다. 동시에 한국과 러시아는 양자 간 조약을 체결하여 직접적인 협력도 지속해 왔다. 이러한 조약들은 주로 투자·자원개발·운송 등에 관한 규율을 위한 것이지만, 군사 및 안보에 관한 약속도 포함된다. 2000년 이후 한국과 러시아 사이에 체결된 주요한 양자간 조약들은 다음과 같다.

Agreement between the Government of the Republic of Korea and the Government of the Russian Federation on Cooperation in the Fields of Energy 대한민국 정부와 러시아연방 정부간의 에너지분야에서의 협력에 관한 협정 (2000)
Agreement between the Government of the Republic of Korea and the Government of the Russian Federation on the Mutual Protection of Classified Military Information 대한민국 정부와 러시아연방 정부간의 군사비밀정보의 상호보호에 관한 협정 (2001)
Agreement between the Government of the Republic of Korea and the Government of the Russian Federation on the Prevention of Dangerous Military Activities 대한민국 정부와 러시아연방 정부간의 위험한 군사행동방지협정 (2003)
Agreement between the Government of the Republic of Korea and the Government of the Russian Federation on Cooperation on the Program of the Medium Range Surface-to-air Missile System 대한민국 정부와 러시아연방 정부 간의 중거리 지대공 유

도무기체계 사업의 상호 협력에 관한 협정 (2005)

Air Service Agreement between the Government of the Republic of Korea and the Government of the Russian Federation 대한민국 정부와 러시아연방 정부간의 항공업무에 관한 협정 (2003)

Agreement between the Government of the Republic of Korea and the Government of the Russian Federation on Cooperation in the Gas Industry 대한민국 정부와 러시아연방 정부 간의 가스 산업에서의 협력에 관한 협정 (2006)

Agreement between the Government of the Republic of Korea and the Government of the Russian Federation on Technology Safeguards Associated with Cooperation in the Field of the Exploration and Use of Outer Space for Peaceful Purpose / Protocol to the Agreement between the Government of the Republic of Korea and the Government of the Russian Federation on Technology Safeguards Associated with Cooperation in the Field of the Exploration and Use of Outer Space for Peaceful Purpose of 17 October 2006 대한민국 정부와 러시아연방 정부 간 외기권의 탐색 및 평화적 목적의 이용분야에서의 협력과 관련된 기술보호에 관한 협정 및 2006년 10월 17일의 대한민국 정부와 러시아연방 정부 간의 외기권의 탐색 및 평화적 목적의 이용 분야에서의 협력과 관련된 기술보호에 관한 협정에 관한 의정서 (우주기술보호협정 및 의정서) (2006)

Agreement between the Government of the Republic of Korea and the Government of the Russian Federation on Cooperation in Preventing Illegal, Unreported and Unregulated Fishing of

Living marine Resources 대한민국 정부와 러시아연방 정부 간의 해양생물자원의 불법, 비보고 및 비규제 어업 방지 협력에 관한 협정 (2009)

Agreement between the Government of the Republic of Korea and the Government of the Russian Federation on Temporary Labor Activities of Citizens of One State in the Territory of the Other State 대한민국 정부와 러시아연방 정부 간의 한쪽 국민에 의한 다른 쪽 국가 영역에서의 한시적 근로활동에 관한 협정 (2010)

Agreement between the Government of the Republic of Korea and the Government of the Russian Federation on marine Transport 대한민국 정부와 러시아연방 정부 간의 해상운송에 관한 협정 (2010)

Agreement between the Government of the Republic of Korea and the Government of the Russian Federation on the Mutual Abolition of Visa Requirements 대한민국 정부와 러시아연방 정부 간의 상호 사증요건 면제에 관한 협정(2013)

Agreement between the Government of the Republic of Korea and the Government of the Russian Federation on the Establishment and Operation of Cultural Centers 대한민국 정부와 러시아연방 정부 간의 문화원 설립과 운영에 관한 협정(2013)

Agreement between the Government of the Republic of Korea and the Government of the Russian Federation on cooperation in the Field of Maritime search and rescue 대한민국 정부와 러시아연방 정부 간의 해상 수색 및 구조 분야에서의 협력에 관한 협

정(2016)

Agreement between the Government of the Republic of Korea and the Government of the Russian Federation on the Establishment of the Direct Secure Communication System 대한민국 정부와 러시아연방 정부 간의 직통 비화통신시스템 구축에 관한 협정(2017)

1990년대부터 체결된 한국과 러시아 사이의 양자간 조약들은 대체로 보편적인 한-러 경제 및 기타 분야의 협력을 규율하는 기능을 하였다. 이 중에서 *Agreement between the Government of the Republic of Korea and the Government of Russian Federation on Economic Cooperation in the Republic of Sakha (Yakutia) (대한민국과 러시아연방 정부간의 러시아연방 사하공화국(야쿠티야)에서의 경제협력에 관한 협정, 1995)*와 같은 북극권의 특정 지역에 관한 협정이 존재하기도 하며, 양자간 조약들은 북극권 개발과 같은 최근의 논의와 함께 새로운 활용가능성을 낳는다. 또한 지금까지 경제협력의 각종 분야들을 규율하기 위해서 다양하게 체결되었던 양자간 협정들을 통합하고 조화시키기 위한, 나아가 새로운 차원의 경제협력을 실현할 수 있는 법적 기반(legal infrastructure)이 필요한 상황이기도 하다(Kim, 2015).

한국이 많은 국가들과 체결해온 '자유무역협정'(Free Trade Agreement, FTA)에 주목할 필요가 있다. FTA는 체결국 사이의 무역에 관한 관세를 비롯한 무역장벽들을 제거하는 약속이며, 최근의 FTA는 소극적인 무역장벽제거뿐만 아니라, 체결국에게 무역특혜를 제공하는 것을 담기도 한다. 결국 FTA는 대부분의 WTO 회원국들도 체결하는, 다양한 국제경제조약들 중에서 가장 많이 활용되는 법적기반이 되었다. FTA 체결국들은 이제 체결당사국들의 경제적 이익을 위해서 무역특혜를 제공하는 목적에 충실하지만, 비경제적 목적을 위해서 이 협정들을 활용되기도 한다. 이러한 경우에는 FTA가 해당 국가들 사이의 협력분야를 넓히는 기능을 하므로, 다양한 용도로 활용될 수 있다(Kim, 2018).

한국은 WTO와 같은 다자간 경제협력에 충실하고 있지만, 많은 FTA를 체결하여 양자간 특혜무역관계를 수립하는 것에도 노력하고 있다. 한국 정부는 FTA 체결로 무역환경의 개선을 기대하면서, 국제사회에서 무역 및 경제협력 관계의 다양화를 추구한다. 동시에 한국은 한국사회의 내부적인 규범과 한반도의 안정 등의 비경제적 목적을 달성하기 위해서 FTA를 활용하려고 한다. 현재까지 한국이 체결한 FTA의 상대방은 미국·EU·중국·ASEAN·인도 등을 비롯하여 매우 다양하다.

러시아는 WTO 가입 이후에도 '구 소련 독립국가연합' 국가들과 다양한 모습의 FTA를 체결하였다. 구 소련 국가들이 1991년 결성한 공동체동체인 독립국가연합은 현재 12개국이 회원이며, 각 회원국들은 각각의 독립국으로서 독자적인 주권을 가지고 있고, 군사 및 외교 활동도 독립적으로 수행하고 있다. 러시아는 FTA를 통하여 이들 국가들에게 무역특혜를 제공하면서 오랜 경제적 의존관계를 유지하는 동시에 이러한 점을 바탕으로 정치적 영향력도 강화하고 있는 것이다. 나아가 러시아는 최근에 베트남 등 독립국가연합에 속하지 않는 국가들과도 전략적인 FTA를 체결하여 무역관계의 다양화와 경제적 이익 그리고 비경제적 목적을 추구하고 있다(Kim, 2013).

3. 한-러 FTA의 체결 등 법적 협력의 과제

북극권 개발을 확대하려는 목적을 포함하여, 한국과 러시아 사이의 포괄적이고 새로운 경제협력을 위한 법적기반의 필요성은 현실이 되었다. 언급한 바와 같이, 한국이 세계 주요국들과 FTA를 체결하여 효율적인 경제협력과 시장개발가능성을 확장하려는 노력을 지속한다면, 이를 위한 안정적인 법적기반을 마련하는 것이 무엇보다 필요하다. 그리고 최근 국제사회에서 이와 같은 법적기반은 보통 FTA의 체결에서 시작된다. 한국은 많은 FTA를 체결하여 다양한 국가들과 무역을 확장하고 경제협력을 도모하고 있다. 러시아 역시 기존의 CIS 국가들과의 경제적 연대만을 강조하던 것에서 벗어나기 시작하면서, 양측의 FTA 체결가능성은 높아졌다.

그러나 양측이 FTA 체결에 대한 의지가 있다고 하더라도, 이것이 곧바로 현실이 될 수는 없다. FTA의 체결을 위해서는 여러 조사와 협상 등의 절차가 필요하다. 특히 여러 가지 국내외의 법적 과제들을 해결해나가면서, 한-러 FTA 체결을 위한 환경을 조성하려는 노력이 필요하다. 이를 위해서는 한국과 러시아의 협력가능성과 필요성을 확보하는 것과는 다른 차원의 법적 논의와 FTA 자체에 관한 면밀한 고민도 있어야 한다.

'유라시아경제연합'(Eurasian Economic Union, EAEU)은 서유럽 중심의 '유럽연합'(EU)에 대응하는 기구를 창설하고자 설립된 러시아 중심으로 벨라루스·카자흐스탄·키르키스탄 등이 참여하는 관세동맹이다. 이 경제공동체의 설립협정에 따르면, 회원국이 제3국과 FTA 등 경제협정을 체결하기 위해서는 회원국 모두가 포함되어야 한다. 결국 이 규정에 따라서 '한-러 FTA'는 '한-EAEU FTA' 협상으로 확대되는 셈이다. 한국은 이미 '한-EU FTA' 또는 '한-ASEAN FTA'를 추진하면서 비슷한 상황을 경험한 바 있다. 문제는 러시아가 아닌 EAEU 회원국과 FTA의 경제적 효과성이 충분한가 하는 점, 나아가 역효과에 대한 우려 등이다.

FTA에 대응하는 국내법의 변화도 필수적이다. 이미 여러 FTA가 체결되면서 국내법의 변화가 있었고, 통상절차법 제정으로 정책의 일관성을 위한 법적근거도 마련하였다. 따라서 한-러 FTA 체결에 관한 정책적 근거를 고려하면서, 양자관계에 나타날 수 있는 변화에 대응하기 위한 국내법을 변화시킬 수 있어야 한다. 이러한 법에는 WTO 규범과 다자간 협상의 결과도 반영되어야 한다는 기본원칙, 정부가 체결된 FTA를 효과적으로 이행하기 위한 조치를 취해야 한다는 조항, 관련 부처의 협조나 FTA의 평가와 연구를 위한 연구기관이나 위원회 등에 관한 규정도 필요하다.

특히 북극권 개발에 관련된 기술발전이나 산업구조 변화에 대한 내용을 FTA 규정에 반영하거나 국내법적 대응이 필요하다. 한-러 FTA로 인한 전통적인 의미의 피해와 보상이라는 문제들을 해결할 근거와 원칙 등을 규정할 필요도 있으나, 단순한 보상보다는 기술개발과 혁신을 자극하며 해양플랜트와 같은 신산업 창출을 지원하는 법제개선으로 이어져야 한다. 여기서 보상과 지원의 법적 근거는 각각의 FTA를 추진하면서 구체적인 필요가 있을 때마다 법규를 제정할 수도 있을 것이다. 그러나 FTA 추진을 위한 이행법에서 일반적인 보상의 원칙과 내용의 결정방법을 명시하는 것이 바람직하다.

왜냐하면 피해산업이 구체적으로 드러난 각각의 상황에서 별도의 보상입법을 한다는 것은 정치적으로 민감할 수밖에 없고, 형평성과 객관성을 확보하기 어려울 수도 있기 때문이다. 이러한 법이 보상과 지원의 중립성을 확보하고 예측가능성을 담보해야만 취약산업에 관하여 무조건적인 개방반대를 줄일 수 있다. 보상과 지원이 WTO 보조금협정 등의 범위에서 이루어져야 한다고 규정하여, 무역분쟁으로 번지지 않도록 할 필요도 있다. 이러한 내용은 FTA 농어업지원 특별법과 무역조정지원법 등 특별법에도 규정되어 있다.

한-러 FTA는 한반도 문제에도 활용되어야 한다. 남북협력과 경제교류는 외국과의 거래나 내국간 거래와는 다른 중간쯤의 특수성을 가진다. 남북교류협력에 관한 법률 제26조 제1항은 "무역에 관하여 이 법에 특별히 규정되지 아니한 사항에 대하여는 대통령령이 정하는 바에 의하여 대외무역법 등 무역에 관한 법률을 준용한다."라고 규정하고 있고, 제4항이 "제1항 내지 제3항의 규정에 의하여 다른 법률을 준용함에 있어서는 대통령령으로 그에 대한 특례를 정할 수 있다."라고 규정하고 있는데, 한-러 FTA에는 양국의 협력이 남북교류 확대와 한반도 평화에 영향을 줄 수 있다는 규정을 두고, 남북교류의 특수성을 명시할 필요가 있다(Moon, 2005).

한국이 북한과의 교류를 민족내부의 특수거래로 간주하여 한-러 FTA를 통한 특혜대우를 부여하는 것이 WTO의 기본원칙인 최혜국대우 원칙에 예외임을 인정받기 위한 국내법적 장치를 마련할 필요도 있다. 이를 위해서는 WTO 설립협정 제9조 3항에 근거하여 남북한 사이에 특별한 지역무역협정을 체결하는 방법도 모색할 수 있다. 다만, 남북한 사이의 무역협정을 체결하고 그것이 WTO의 규범 내에서 승인받기 위해서는 북한의 WTO 가입이 전제되어야 한다. 현재 이것을 기대하기는 어렵기 때문에, 남북간의 특별관계에 관하여 남북교류협력에 관한 법률 등 국내법을 통한 선언규정이 필요하다(Kim, 2018).

최근 북한은 국제사회의 경제제재 상황에서도 국제사회에서 정상적인 국가로 평가받으려는 태도를 보이고 있다. 예를 들어, 북한은 국제거래분야에 관한 일반조약인 CISG에 가입하는 등 장기적인 안목에서 국제사회의 무역환경과 거래규율에 편입되려는 노력을 하고 있다. 북한의 이러한 모습들은 과거에는 예상하기 힘든 행보임을 고려할 때, 이러한 북한의 노력을 한반도 전체의 교류활성화라는 장기적인 안목에서 준비하는 것은 분명히 의미가 있다고 본다. 한-러 FTA 체결 과정에서 이와 같은 부분을 고려할 필요가 있는 것이다.

IV. 나가는 말

한국과 러시아는 1990년대 수교 이후 경제협력의 분야들을 다양하게 확대해왔다. 양국 사이의 투자와 상품교역은 크게 확장되어 러시아 시장에서 한국 제품을 만나는 것은 일상이 되었다. 이제 양국은 새로운 협력의 모델을 찾고 있는 상황이 되었으며, 새로운 시장가능성을 가진 러시아의 북극권 개발과 관련하여 성과를 얻을 수 있는 기대를 하고 있다. 한국과 러시아는 모두 북극권 개발을 통하여 지역개발과 운송의 효율성, 나아가 새로운 시장창출이라는 목적을 공유할 수 있을 것이다.

위에서 살펴본 바와 같이, 이미 양국은 이 지역의 협력을 다양하게 현실화하고 있다. 기후변화와 기술발전에 따른 자원개발이 빠르게 진행되고, 한국 기업들은 운반선과 특수선의 건조 등 관련 산업에 긍정적인 효과를 낳으며 실질적인 경제적 이익을 가져오기 시작하였다. 그러나 이것이 여러 가지 문제점을 낳는 측면도 있기 때문에, 관련 규범의 보완을 통하여 지속가능한 개발로 이어질 수 있는 장치가 필요하다. 러시아도 이러한 문제들을 인식하고 있으며, 향후 경제적 이익의 획득에 수반되는 발생가능한 문제점들을 고민하고 있다. 양국의 협력은 이러한 부분까지 확대되어야 한다.

북극권과 관련된 국제법의 규정들은 막연하거나 많은 분야를 아우르지 못하고 있다. 또한 국가적 이익이 민감한 경우에는 국제법과 해당 국가의 국내법이 명확하게 조화되지 못하는 상황이 발생하기도 한다. 국제사회의 협력이 필요한 부분이다. 예를 들어, 북극항로와 관련된 국제법과 러시아의 국내법의 충돌가능성이 존재한다. 따라서 러시아의 북극권 개발에 한국이 참여하는 상황이 있을 것을 대비하여 양측의 이해관계를 반영하고 경제적 이익은 지속시키되, 부정적인 문제들을 줄이기 위한 법적기반을 마련하는 노력이 필요하다.

이를 위한 노력은 여러 가지 방법이 있겠으나, 구체적으로 한-러 FTA의 추진을 제안할 수 있다. 이를 추진하는 과정에서는, 한국이 그동안 체결해온 FTA들과의 조화를 고민하거나 한국이 그동안 쌓아온 FTA 체결 경험들을 토대로 새로운 FTA 추진에 따른 국내법의 정비가 수반되어야 하는 등의 여러 과제들도 고민해야 한다. 러시아의 입장에서는 EAEU와 같은 특수한 환경을 배려해야 한다. 양국은 법적 기반인 FTA의 효율적인 활용에 관한 선제적 연구도 필요하다.

한국과 러시아 협력의 국제법적 기반이 될 한-러 FTA의 체결과정은 '지속가능한 북극권 개발'(sustainable arctic development)을 위한 목적이 뚜렷하게 드러날 수 있어야 한다. 나아가 FTA 활용과 국내외 법규의 조화를 위한 정비과정에서도, 이로 인하여 등장할 새로운 산업과 시장의 출현, 심지어 예측하지 못한 사고 등에 대한 공동대응에 있어서도 이러한 명제가 소화될 수 있어야 한다. 한국의 입장에서는 한반도 문제와 같은 비경제적 분야에도 FTA가 활용될 수 있는 가능성을 고려하는 것이 필요할 것이다.

References

Assenova, Margarita (2019), "Russia's New Rules for Northern Sea Route Violate International Law", *POLYGRAPH.Info.*, March 12.

Atle, Staalesen (2019), "Russia gets Ministry of the Far East and Arctic", *The Independent Barents Observer*, January 18.

Baker, James (2019), "Maersk considers northern sea route service", *Lloyd's List*, July 14.

Garipov, Ruslan "Extractive Industries and Indigenous Minority Peoples' Rights in Russia", *Nordic Environmental Law Journal,* 2014(1), 72-75.

Humpert, Malte and Andreas Raspotnik (2012), "The Future of Arctic Shipping Along the Transpolar Sea Route", *Arctic Yearbook 2012,* 281-283.

Hodges, Jeremy·Shiryaevskaya, Anna and Dina Khrennikova (2018), "Melting Ice In the Arctic Is Opening a New Energy Trade Route", *Bloomberg,* 28 August.

Hong, Sung-Won (2012), "The Northern Sea Route and Resource development in the Arctic Sea: Korean-Russian Cooperation and Korean Strategy ", *Journal of International Area Studies,* 15(4), 96.

Jeh, Sung-Hoon and Ji-Young Min (2014), "Russian Arctic Development Strategy and New Possibility for Korea-Russia Cooperation", *KIEP World Economy Update*, 4(20), 1-6.

Kim, Bong-Chul (2013), "Regional Trade Agreements of Korea and Russia-The Possibility of the Korea-Russia FTA", *The Korean Journal of Slavic Studies*, 29(1), 12.

Kim, Bong-Chul (2015), "The changes of Korean Domestic Laws with the FTA system", *Chonbuk Law Review*, 44, 421.

Kim, Bong-Chul (2018), "The Evolution of Korean FTAs and Rediscovery of the Legal Function", *The International Commerce*

& Law Review, 79, 170, 182.

Kim, Sang-Won (2017), "Western Economic Sanctions and Russian Arctic Development: Focusing on Natural Gas", *Slav newspaper*, 32(4), 51-52.

Moon, Joon-Jo (2005), *Systematic Responses to Korea's Free Trade Agreements*, Seoul: Korea Legislation Research Institute, 76.

Murphy, Jessica (2018) "Is the Arctic set to become a main shipping route?", *BBC News,* 1 November.

Park, Jin-Hee and Min-Gyu Lee (2015), "A Study on Competitiveness and Effect Analysis for Developing a Port Specialized in Northern Sea Route ", *Journal of Navigation and Port Research,* 39(3), 244.

Park, Jong-Kwan (2016), "Russian Transport Logistics Development Strategy: Focusing on the 'Arctic Region'", *Slav newspaper,* 30(1), 29-30.

Prina, Federica (2014), *Protecting the Rights of Minorities and Indigenous Peoples in the Russian Federation: Challenges and Ways Forward*, Budapest: Minority Rights Group Europe, 17.

Seidler, Christoph (2010), *Arktisches Monopoly: Der Kampf um die Rohstoffe der Polarregion*, translated by Mihwa Park, Seoul: Thesoup, 258.

Yun, Hyo-Young (2016), "Present Condition and Proposals on Liability and Compensation Regimes for Pollution Damage Resulting from Offshore Plant", *Kangwon Law Review,* 49, 571.

Yun, Yeong-Mi (2009), "Strategy of Russian Marine Security over the North Pole Region: Focusing on the development of the Arctic Ocean and the Marine Cooperation between Korea and Russia on the North Pole", *East and West Studies*, 21(2), 55.

Zadorin, Maksim·Klisheva, Olga·Vezhlivtseva, Ksenia and Daria Antufieva (2017), *Russian Laws on Indigenous Issues.*

Guarantees, Communities, Territories of Traditional Land Use: Translated and Commented, Rovaniemi: University of Lapland, 4-5.

Arctic Bulk, http://www.arcticbulk.com/article/186/NORTHERN_SEA_ROUTE.

제3장

해체의 풍경 : 현대 러시아 영화와 북극의 시각적 재현

라승도

러시아에서 해를 거듭할수록 고조되는 북극에 대한 관심은 러시아 영화계를 중심으로 한 북극의 시각적 재현 과정에서도 분명하게 찾아볼 수 있다. 그러나 지난 20년간 푸틴 집권기를 중심으로 한 포스트소비에트 시대 러시아 영화에 나타난 북극의 시각적 재현 양상을 구체적으로 조명한 연구는 지금까지 거의 찾아보기 어렵다. 따라서 포스트소비에트 시대 러시아 영화에서 다채롭게 나타나는 북극의 시각적 재현에 대한 진지한 연구는 최근 들어 북극의 중요성이 러시아에서만 아니라 전 세계에 걸쳐서도 날로 커지고 있어 특히 절실하게 요구된다. 이러한 연구 공백을 채우기 위한 목적으로 본 논문은 포스트소비에트 시대 러시아 '북극 영화'에서

이 글은 한국외국어대학교 국제지역연구센터 『국제지역연구』 제23권 제3호(2019)에 게재된 논문 「해체의 풍경 : 현대 러시아 영화와 북극의 시각적 재현」을 수정 보완한 것임.

특별한 위치를 차지하는 주요 작품들을 중심으로 북극의 시각적 재현 양상과 문화적 의미를 본격적으로 분석해 보고자 한다.

I. 서론

1991년 소련 붕괴 이후 러시아에서 북극을 둘러싸고 일어난 비상한 관심은 2000년부터 현재까지 20년 가까이 이어지고 있는 블라미디르 푸틴 대통령의 집권기에 특히 현저하게 나타났다. 이는 2008년 푸틴 대통령이 서명한 '러시아연방 북극 기본 정책 2020'과 2014년 5월 발효된 러시아연방 대통령령 296호 '러시아연방 북극권 영토' 규정, 2018년 승인된 '북극권 영토 확대' 법령 등 국가적 차원의 북극 관리·개발 정책의 수립과 실행에서 분명하게 찾아볼 수 있다.[1] 이와 함께 러시아 정부는 2010년 '북극: 대화의 영토' 국제 포럼을 출범시킨 이래 2019년까지 모스크바와 살레하르트, 아르한겔스크, 상트페테르부르크에서 지금까지 부정기적으로 5차례에 걸쳐 개최했다. 같은 해 11월에는 현재 푸틴 대통령이 이사장을 맡고 있고 세르게이 쇼

1) 푸틴 시대에 나온 러시아 북극 개발 기본 정책과 북극 영토 관련 법령을 보면 러시아 북극권은 자연과학적 차원에서 일반적으로 규정되고 있는 북위 66.33도에서 벗어나 훨씬 더 넓게 확장된다. 이에 따라서 최북서쪽 무르만스크주와 아르한겔스크주, 코미 공화국, 크라스노야르스크 변강주, 네네츠 자치구, 야말로-네네츠 자치구, 사하 공화국(야쿠티야), 추콧카 자치구 지역 외에 북위 66.33도에서 더 아래에 있는 카렐리야 공화국 일부 지역도 북극권에 포함된다. 러시아 정부는 최근 북극권개발을 전담하는 부서 신설도 고려했지만, 기존 극동개발부가 북극 관련 정책을 총괄하기로 했다.(Staalesen, 2019) 최근 러시아 정부의 북극 정책과 행보에 대한 지정학적, 지경제적, 지문화적 고찰은 김정훈 외(2018)를 참고하기 바람.

이구 국방부 장관이 회장을 맡고 있는 '러시아지리협회'의 후원과 천연자원·환경부의 주최로 '모스크바 북극의 날'(이하 '북극의 날')이 처음 열렸고 이후 지금까지 해마다 끊이지 않고 있다.[2] 주최 측은 이 행사의 목적이 무엇보다도 먼저 사람들 사이에 북극의 자연과 역사, 문화에 대한 관심을 불러일으키는 데 있다고 밝혔다. 이와 관련하여 특기할 점은 '북극의 날' 행사가 북극에 대한 관심을 제고하는 효과적인 방법 가운데 하나로 영화 매체를 적극적으로 활용하고 있다는 것이다. '모스크바 북극의 날'을 구성하는 주요 부대 행사 가운데 하나로 소규모 '북극 영화제' 개최나 '북극 영화' 상영이 빠지지 않는 이유도 여기에 있다.[3]

더 흥미로운 점은 최근 러시아 영화계에서 눈에 띄게 늘어난 북극의 시각적 재현도 바로 '북극: 대화의 영토' 국제 포럼과 '북극의 날' 행사가 제정되어 열리기 시작한 2010년에 처음 등장했다는 사실이다. 실제로 알렉세이 포포그렙스키(Алексей Попогребский)의 『나는 이번 여름을 어떻게 보냈나』(Как я провел этим летом)가 2010년에 나와서 포스트소비에트 시대 러시아 최초의 '북극 영화'로 자리

2) 2010년부터 해마다 11월에 열리는 '모스크바 북극의 날' 주요 행사는 크게 비즈니스 프로그램과 문화 프로그램으로 나뉘어 진행된다. 2018년 11월 21~25일 열린 '북극의 날' 비즈니스 프로그램에서 눈여겨볼 대목 가운데 하나는 러시아 정부가 러시아지리협회 후원으로 2015년 개설한 연방 차원의 유일한 북극 정보 프로젝트인 인터넷 사이트 www.arctic.ru의 재개 관련 소개와 논의였다. '북극의 날' 프로그램 정보는 인터넷 홈페이지 http://arctic-days.ru에서 확인할 수 있다.

3) 2018년 '북극의 날' 문화 프로그램에서도 북극 관련 영화 상영이 상당 부분을 차지했다. 특히 2018년 문화 프로그램을 통해서는 러시아 북극 지역 관련 다큐멘터리 영화들이 5일간 매일 상영됐다. 이 과정에서 러시아지리협회 후원으로 제작된 다큐 영화 『북극대장정』(Великий северный путь)이 상영됐고 영화감독과 작가를 만나는 자리도 마련되어 관심을 끌었다. http://arctic-days.ru/events2018 (검색일: 2019.06.12.)

매김했다. 이후 2014년은 안드레이 즈뱌긴체프(Андрей Звягинцев)의 『리바이어던』(Левиафан)과 나탈리야 메샤니노바(Наталия Мещанинова)의 『'희망' 공장』(Комбинат 'Надежда'), 블라디미르 투마예프(Владимир Тамаев)의 『하얀 이끼』(Белый ягель), 알렉산드르 멜리니크(Александр Мельник)의 『영토』(Территория) 등 작품성과 시사성에서 매우 중요한 영화들이 잇따라 나왔다. 곧이어 2015년에는 1930년대에 있었던 실화를 바탕으로 한 필립 아브류틴(Филипп Абрютин)의 『로제르스만의 비극』(Трагедия в бухте Роджерс)이 나와서 러시아 영화에서 북극 공간에 대한 관심을 계속 이어갔다. 2017년에는 18세기 북극 탐험가 세묜 첼류스킨(Семён Челюскин)에 관한 영화 『최초의 사람들』(Первые)이 러시아의 북극 탐사와 정복 이야기를 시각적으로 재구성해 보여줬다. 끝으로 2019년에는 러시아 북극권 소수 토착민족 출신의 지나이다 론고르토바(Зинаида Лонгортова)가 2차 세계대전 당시 한티족의 활약상을 소수민족 자신들의 시각으로 보여준 『혼 유시. 오비강으로부터의 길』(Хон юш. Путь от Оби)을 선보여 호평을 받았다.[4)]

그러나 2010년대 러시아 영화에서 북극의 시각적 재현은 극영화로만 그치지 않는다. 다큐멘터리 영화에서도 북극은 기억과 기록 사이에 걸쳐 중요한 시각적 재현 대상이었다. 예를 들면, 2011년에 나온 알렉세이 바흐루셰프(Алексей Вахрушев)의 『툰드라의 책. 작은 바위 부크부카이 이야기』(Книга тундры: Повесть о Вуквукае — ма

4) 『혼 유시』는 2019년 추콧카 자치구에서 열린 제3회 '황금 까마귀' 북극 영화제에서 첫선을 보였을 뿐 일반 관객에는 아직 공개되지 않았다. 이 영화는 『하얀 이끼』와 함께 소수 토착민족의 역사와 문화, 일상을 다루고 있어 포스트소비에트 시대 러시아 '북극 영화'에서 특별한 위치를 차지한다.(Анашкин, 2019)

леньком камне)는 러시아 최북동쪽 추콧카 툰드라에서 순록을 사육하며 사는 72세 노인의 삶을 둘러싼 이야기를 있는 그대로 묘사한다. 이와 비슷하게 2014년 '모스크바 북극의 날'에 상영된 드미트리 라브리넨코(Дмитрий Лавриненко)의 『툰드라의 아이들』(Дети ту ндры)은 무르만스크 콜라반도에서 크라스노야르스크 타이미르반도까지 폭넓게 분포해 사는 툰드라 소수 토착민족인 네네츠족 아이들의 이야기를 들려준다. 한편, 막심 페이텔베르크(Максим Фейтел ьберг)가 2013년에 만들어 2014년 '북극의 날'에 상영한 『세 명의 탐험 대장. 러시아 북극』(Три капитана. Русская арк тика)은 게오르기 세도프(Георгий Седов) 등 북극점 정복과 북극항로 개척에 성공한 러시아 탐험가들의 위대한 행적을 추적한다. 또 2018년에 나온 레오니트 크루글로프(Леонид Круглов)의 『북극 대장정』(Великий с еверный путь)은 17세기에 러시아 제국의 경계를 극동까지 넓힌 탐험가 세묜 데즈뇨프(Семён Дежнёв)의 북극 행로를 따라간다.

북극의 시각적 재현에서 또 다른 중요한 현상은 러시아 북극권에 속하는 일부 지역이 최근 들어 북극 주제 관련 영화제를 제정하여 해마다 개최하고 있다는 사실이다. 예를 들면, 한티-만시스크 자치구에서는 이미 2003년부터 '불의 정신(Дух огня)'이라는 제목 아래 데뷔작 중심의 국제 영화제를 개최하고 있다. 이와 함께 사하 공화국은 2011년에 '북극 영화' 축제가 지역 차원에서 처음 열었고 2013년에는 러시아 국내외 영화인들이 참여하는 야쿠트 국제 영화제를 제정하여 지금까지 해마다개최하고 있다. 또 추콧카 자치구는 2017년에 '황금 까마귀(Золотой ворон)'라는 제목 아래 국제 북극 영화제를 제정하여 자치구 수도인 아나디리에서 해마다 개최하고 있다. 같은 해에 아르한겔스크도 북극권 국가 영화인을 하나로 묶는 '북극 오픈'

(Arctic Open) 국제 영화제를 열기 시작했다. 이처럼 러시아 북극권 여러 지역이 최근 들어 북극 주제 영화제를 경쟁하듯이 앞 다퉈 개최하면서 북극의 시각적 재현 작업도 그만큼 활발해지고 있다.

이처럼 러시아에서 해를 거듭할수록 고조되는 북극에 대한 관심은 러시아 영화계를 중심으로 한 북극의 시각적 재현 과정에서도 분명하게 찾아볼 수 있다. 그러나 지난 20년간 푸틴 집권기를 중심으로 한 포스트소비에트 시대 러시아 영화에 나타난 북극의 시각적 재현 양상을 구체적으로 조명한 연구는 지금까지 거의 찾아보기 어렵다.[5] 따라서 포스트소비에트 시대 러시아 영화에서 다채롭게 나타나는 북극의 시각적 재현에 대한 진지한 연구는 최근 들어 북극의 중요성이 러시아에서만 아니라 전 세계에 걸쳐서도 날로 커지고 있어 특히 절실하게 요구된다. 이러한 연구공백을 채우기 위한 목적으로 본 논문은 포스트소비에트 시대 러시아 '북극 영화'에서 특별한 위치를 차지하는 주요 작품들을 중심으로 북극의 시각적 재현 양상과 문화적 의미를 본격적으로 분석해 보고자 한다.

---

5) 이런 점에서 소비에트 시대에서 포스트소비에트 시대까지 러시아 다큐멘터리 영화와 북극의 재현 양상을 연구한 옥사나 사르키소바의 최근 작업은 대단히 큰 의미가 있다. 사르키소바의 연구는 북극 관련 극영화가 많은데도 다큐멘터리 영화만 다루고 있어 아쉬움이 남지만, 그녀가 소비에트에서 포스트소비에트 시대까지 러시아 북극 다큐 영화에서 분석한 핵심 주제들은 2010년대 러시아 북극 관련 극영화들에 대한 분석에서도 큰 도움이 되고 있다.(Sarkisova 2019, 231-253) 한편, 러시아 북극권 관련 극영화를 다룬 최신 연구도 적잖이 존재한다.(Strukov 2012, 19-45; Басалаева 2019).

II. 러시아 '북극 영화'와 해체의 풍경

소련 붕괴 1년 전인 1990년에 제작된 러시아 영화 편수는 300편이었다. 그러나 소련 붕괴 직후 국고 지원이 끊기자 러시아 영화산업이 된서리를 맞으면서 영화 제작 편수가 급감했다. 소련 붕괴 이후 5년도 채 되지 않은 1995년에 제작된 영화는 겨우 46편에 그쳤다.(Graffy 1998, 190) 물론 영화 제작 편수가 급감했다고 해서 좋은 작품이 나오지않은 것은 아니었다. 1994년에 나온 니키타 미할코프(Никита Михалков)의 영화 『태양에 지친 사람들』(Утомленные солнцем)은 1990년대를 휩쓴 스탈린(주의) 유산 재평가 작업에 크게 이바지하며 미국 아카데미 최우수외국어영화상을 받았을 만큼 국제적 명성을 얻기도 했다. 또 사회주의 붕괴 이후 1990년대 이념의 공백기에 제작된 영화 중에는 포스트소비에트 시대 러시아의 새로운 민족 사상과 집단 정체성 모색에 열중한 작품이 적잖았다.(Beumers 1998)

이처럼 소련 붕괴 이후 급변한 러시아 영화계 상황에서 북극의 공간을 영화의 시각 이미지로 재현하는 것은 일종의 사치나 다름없었다. 1,2차 체첸전쟁의 영향으로 캅카스의 이국적 이미지가 러시아 영화의 문화 공간 속에 다양하게 등장했던 반면, 북극의 시각적 이미지는 1990년대 러시아 영화에서 전혀 찾아볼 수 없었다. 달리 말하자면, 당시 북극은 국가 차원에서나 영화 차원에서도 중요한 관심 대상이 아니었다. 이러한 상황은 21세기에 접어들어서도 크게 달라지지 않았다. 2002년 5부작 TV 연속극으로 상영된 막심 보론코프(Максим Воронков)의 『북극성 아래에서』(Под полярной звездой)를 제외하면 2000년대에도 러시아 '북극 영화'는 존재하지 않았다.[6] '러시아연방 북극 기본 정책 2020'이 2008년에 나왔던 데서 알 수 있듯이, 러시아 정부 차원에서도 북극 정책과 담론은 2000년대 후반에 가서야 본격적으로 나오기 시작했다. 요컨대, 러시아에서 북극에 대한 관심은 1990년대에는 물론이고 2000년대에도 그렇게 두드러지지 않았다. 2010년대 이전까지 러시아 영화에서 북극의 시각적 재현이 전반적으로 부재한 이유도 이처럼 러시아 국가와 사회에서 북극의 중요성이 제대로 인식되지 못하고 북극의 이미지도 폭넓게 나타나지 못했던 상황과 무관치 않았다.[7]

그러나 앞서 언급한 것처럼 2010년대에 접어들며 북극을 둘러싼 러시아 사회의 분위기 전환에 맞춰 러시아 영화의 '북극 선회'도 본격화하기 시작됐다. 소련 붕괴이후 20년 가까이 러시아 영화에서 찾아보기 어려웠던 북극의 공간이 러시아 영화에서 마침내 존재감을 드러냈다. 알렉세이 포포그렙스키의 『나는 이번 여름을 어떻게 보냈는가』가 바로 2010년에 나왔기 때문이다. 이런 점에서 『나는 이번 여름을 어떻게 보냈는가』는 무엇보다도 포스트소비에트 시대 최초의 러시아 '북극 영화'로 규정할 수 있다. 그러나 포포그렙스키의 영화

6) 이 5부작 TV 시리즈는 1970년대 러시아 북극권 유전지대 노동자들의 삶을 애국주의 프로파간다와 노스탤지어의 관점에서 묘사해 보여준다. 10) 앞서 소개한 옥사나 사르키소바의 연구가 보여주듯이, 다큐멘터리 영화에서는 1990년대와 2000년대에도 북극 공간과 생활을 시각 이미지로 담아내는 작업이 존재했다. 에스키모 출신의 알렉세이 바쿠르셰프와 이반 골롭네프의 작업이 대표적인 예이다.(Sarkisova 2019, 237-238)

7) 앞서 소개한 옥사나 사르키소바의 연구가 보여주듯이, 다큐멘터리 영화에서는 1990년대와 2000년대에도 북극 공간과 생활을 시각 이미지로 담아내는 작업이 존재했다. 에스키모 출신의 알렉세이 바쿠르셰프와 이반 골롭네프의 작업이 대표적인 예이다.(Sarkisova 2019, 237-238)

는 소련 붕괴 이후 러시아 영화에서 북극의 이미지를 처음으로 선보였지만, 이 영화에 나타난 북극의 시각적 재현 양상과 그 의미는 영화 예술 등 1930년대 스탈린주의 문화에서 확립된 이른바 '붉은 북극'(Red Arctic) 신화와의 관계에서 벗어나 설명하기 쉽지 않다.[8]

포포그렙스키의 『나는 이번 여름을 어떻게 보냈는가』는 포스트소비에트 시대 최초로 북극 공간을 제시하고 더 나아가 소비에트 '북극 신화'와도 연결되어 있다는 점에서 푸틴 집권기에 두드러지는 '소비에트 노스탤지어'의 맥락 안에서 파악할 수 있다. 그러나 이 영화는 일반적 기대와 달리 소비에트 영화의 '북극 신화'를 계승하기보다는 전복하고 해체한다. 예를 들면, 1936년에 북극 탐험 영화로 나온 세르게이 게라시모프(Сергей Герасимов)의 『용감한 7인』(Семеро смелых)에서 북극은 1930년대 스탈린주의 문화에 특징적인 "영웅주의의 풍경"(McCannon 2003, 255)이 지배한다. 여기서 북극은 소련의 탐험가와 과학자들이 사회주의 리얼리즘의 '긍정적 주인공'들처럼 불굴의 의지로 온갖 시련과 역경을 이겨내고 초인적 능력으로 수많은 임무를 성공적으로 완수하는 신화적 공간이다. 게다가 게라시모프의 영화에서 북극의 공간은 주인공들이 다양한 활동을 펼치면서 자아실현의 잠재력을 폭발시키는 이상적인 생활환경으로까지 의미가 확장된다.(Bugaeva 2015, 310-324) 하지만 포포그렙스키의 영화에서 북극은 게라시모프의 영화에서 묘사되는 것과 사뭇 대조적으로 주인공의 영웅적 행동이 펼쳐지는 신화적 공간이라기보다는 오히려 비겁한 행동이 엿보이는 탈신화적 공간으로 제시된다. 요컨대, 포

8) 1930년대 스탈린주의 역사와 문학, 예술에서 자연 정복과 영웅주의 등으로 특징되는 '북극 서사'와 '북극 신화'는 1991년 소련 붕괴 이전까지 소비에트 문화를 지배했다.(McCannon 1998; Frank 2010, 106-131; Penskaja 2015, 167-183)

포그렙스키의 『나는 이번 여름을 어떻게 보냈는가』는 포스트소비에트 시대 러시아 최초의 '북극 영화'로서도 특별한 가치가 있지만, 동시에 소비에트 시대의 '북극 신화'를 해체하고 전복하는 영화로서도 중대한 의미가 있다.

포포그렙스키의 영화에서 주요 사건은 러시아 북극권 최동북단 추콧카 자치구의 외딴섬 기상관측소에서 근무하는 두 남자의 불편하고 불안정한 관계를 중심으로 전개된다. 그중 한 명은 세르게이 굴랴빈으로 불리는 50대 중년 남자로 기상관측소 책임자다. 그는 이곳에서 관측되는 기상 자료를 수집하고 기록하여 본토 기상센터로 매일 보고하는 임무를 묵묵히 수행한다. 다른 한 명은 파벨 다닐로프로 불리는 20대 젊은 남자로 기상관측소에서 여름 동안 인턴으로 일하면서 파벨의 업무를 조력한다. 두 사람은 영화 서사 처음부터 얼핏 봐도 많은 점에서 서로 대조적이다. 무엇보다도 먼저 나이 차이에서 볼 때 두 사람 사이에는 세대 차이가 뚜렷하게 나타난다. 이러한 차이점은 파벨과 세르게이에게서 보이는 외모와 복장, 언행에서도 그대로 확인할 수 있다. 세르게이는 육중한 체구에 말수가 적다. 이와 달리 파벨은 20대 젊은이답게 경쾌한 움직임으로 기상관측소 주변을 돌아다니며 일할 때나 쉴 때 나 항상 헤드폰을 끼고 음악을 듣는다. 이와 동시에 파벨은 숙소 안에서 쉴 때 컴퓨터 게임에 몰두하곤 한다. 이런 점에서 볼 때 파벨은 섬 밖에서 들어온 신세대로 포스트소비에트 시대를 대표하며 세르게이는 섬 안에서 고립된 구세대로 소비에트 시대를 대변한다.(Lipovetsky & Mikhailova 2010; Strukov 2012, 19-45)

여기서 주목해야 할 점은 세르게이와 파벨 사이에 설정돼 있는 세대 간 대립 관계가 소비에트와 포스트소비에트 시대 간 대립 관계로 확장된다는 것이다. 하지만 이러한 시대 간 대립 관계는 영화 서사에 내재해 있는 이른바 '북극 담론'을 통해서도 잘 드러난다. 앞서 지적했듯이, 소비에트 시대 북극 관련 영화들에서는 어떤 환경과 상황에서도 주인공이 항상 난관을 극복하고 임무를 완수하는 모습으로 제시된 다. 이 과정에서 흔히 연장자는 자신보다 어린 사람(들)에게 모범을 보여주고 어린 사람은 그의 지시나 지도를 따르면서 복종한다. 바꾸어 말하자면, 여기서도 소비에트 사회주의 리얼리즘의 핵심 특징인 '긍정적 주인공'의 형상이 제시되는데, 이런 인물은 아랫사람의 사랑과 존경을 한 몸에 받는 진정한 영웅이자 지도자로 묘사된다. 이와 함께 소비에트 시대 북극 영화에서는 주인공들이 항상 개인주의보다는 집단주의 정신을 최고 가치로 신봉한다.

그러나 『나는 이번 여름을 어떻게 보냈는가』에서 세르게이는 기상관측소 책임자로서만 아니라 연장자로서도 파벨에게서 존경도 사랑도 받지 못하고 오히려 그에게서 묘한 거리감과 심지어 적대감까지 불러일으키게 된다. 두 사람은 사우나 장면에서 강인함과 용맹성, 인내심 속에 남성적 유대감을 드러내며 세대차와 수직적 관계를 일시적으로 초월할 때도 있다.[9] 하지만 두 사람의 어색한 관계에서 비롯되는 긴장과 갈등은 북극 변방에서 멀리 떨어져 있는 본토에 사는 세르게이의 아내와 아들이 여행을 마치고 집으로 돌아가는 길에 일어난 항공 사고로 사망했다는 긴급 전보가 상부에서 도착했을 때, 파벨이 용기를 내지 못하고 자꾸 망설이다가 세르게이에게 이 소식을 끝내 전달하지 못하는 과정에서 절정에 달한다. 결국 파벨과 세

9) 이 영화에서 사우나 장면은 소비에트 시대 러시아 문학과 영화에 등장하는 사우나의 네 가지 유형과 의미에서 남성적 강인함과 용맹성이 강조되는 첫 번째 유형에 가깝다.(Pollock 2010, 47-76)

[그림 1] 오두막 안에서 식사하는 용감한 7인 (출처: 저자 캡처)

[그림 2] 오두막 안에서 노래하는 용감한 7인 (출처: 저자 캡처)

르게이는 대화를 통해 오해의 간극을 좁히고 상호 이해와 융화의 관계를 형성하기보다는 서로 피하며 쫓고 쫓기면서 불신과 불화의 수렁으로 빠져든다. 게다가 파벨은 세르게이가 방사능에 오염된 연어를 먹게 하여 그를 죽음으로 몰아넣음으로써 세르게이의 임박한 죽음과 그의 가족에게 닥친 죽음 사이에 갇혀 이중의 죄책감에서 벗어나지 못한다. 이런 점에서 파벨이 마지막에 가서 세르게이 혼자만 북극의 외딴섬에 남겨 놓고 헬기를 타고 떠나는 것은 아이러니하지 않을 수 없다.

이런 식으로 포포그렙스키의 영화는 세르게이와 파벨의 이야기를 통해 인간관계의 붕괴를 보여주는 동시에 더 나아가 게라시모프의 영화에서 시작된 소비에트 '북극 신화'의 붕괴도 암시한다. 이처럼 포스트소비에트 시대 최초의 북극 영화인 『나는 이번 여름을 어떻게 보냈는가』는 소비에트 시대 북극 영화의 최초이자 원형인 게라시모프의 『용감한 7인』에 제시돼 있는 북극 담론을 묘하게 뒤집어엎는다고 할 수 있다. 게라시모프의 영화는 북극의 겨울을 배경으로 하고 있고 '용감한 7인'이 '하나의 가족'처럼 겨울철 북극의 혹독한 자연조건을 이겨내며 임무를 완수하는 과정을 보여준다. '용감한 7인'은 과학자와 비행사, 남자와 여자 등 직업과 성별 등에 걸쳐 각자 다르지만, 이런 차이점이 이들의 인간관계와 임무 수행을 방해하지는 않는다. 이들은 어려운 환경 속에서 하나가 되어 모든 역경을 극복하는 영웅적 위업(подвиг) 달성의 완벽한 이미지를 보여준다. 특히 [그림 1]과 [그림 2]에서 보듯이 이들이 머무는 겨울철 오두막 '지모프카'(зимовка)는 이들 사이를 끈끈하게 해주는 따뜻한 가족애와 목가적 분위기가 지배한다. 오두막 바깥은 북극의 혹독한 자연이 지배하고 있지만, 오두막 내부는 맛있는 음식과 흥겨운 음악, 지적인 느낌으로

훈풍이 분다. 이 오두막에서는 심지어 북극 소수 토착민족 환자를 옮겨와서 수술을 집도하기도 한다. 이 모든 것은 북극에 소비에트 모더니티를 앞세운 신세계 건설에 대한 은유적 이미지들이다.

그러나 이 모든 이상적 이미지는 포스트소비에트 시대 최초의 북극 영화인 포포크렙스키의 『나는 이번 여름을 어떻게 보냈는가』에서 완전히 정반대로 뒤집힌다. 먼저, 제목에 드러나 있듯이, 이 영화는 겨울이 아닌 여름을 배경으로 하고 파벨과 세르게이는 '지모프카' 대신에 기상관측소에서 지낸다. 특히 세르게이와 파벨은 단둘이서만 있지만, '용감한 7인'과 달리 함께 식사를 준비해 먹는 장면이 거의 나오지 않는다. 사우나에서 함께 찜질하거나 세르게이가 잡아온 생선을 함께 손질할 때 화해의 분위기가 잠시 조성되기도 하지만, 이들 사이에는 시종일관 묘한 긴장감이 흐른다. 파벨은 세르게이가 섬 주변을 순찰하러 나갈 때나 생선을 잡으러 나갈 때 혼자 있게 되면 주로 비디오 게임을 하며 지낸다. 게다가 파벨은 자신이 해야 하는 임무 수행에도 서툴러서 세르게이에게 자주 핀잔을 듣는다. 이들 사이에는 상징적 의미에서 가족적 관계가 성립하기 매우 어렵다. 세르게이가 외출했을 때 파벨이 받게 되는 전보에서 세르게이의 가족이 사고로 모두 죽었다는 소식은 실제 가족의 파멸을 알려주기도 하지만, 동시에 상징적 가족의 분열이나 해체를 암시하기도 한다.

파벨은 자신이 받은 비보를 전할 용기가 없어 세르게이에게 끝내 말하지 못하고 그를 피해 자취를 감춘다. 영문도 모르는 세르게이는 사라진 파벨이 염려되어 총을 들고 찾아 나서지만, 파벨은 그런 세르게이가 자신을 죽일지도 모른다고 생각하고 그에게서 점점 더 멀리 달아난다. 여기서 주목할 점은 파벨이 세르게이를 피해 숨어드는 해안가 절벽의 버려진 오두막 장면이다. 파벨은 기상관측소로 돌아가

[그림 3] 오두막 굴뚝에서 연기가 피어오르는 모습 (출처: 저자 캡처)

[그림 4] 오두막에서 쫓고 쫓기는 세르게이와 파벨 (출처: 저자 캡처)

지 않고 이곳에 몸을 숨긴 채 난로에 불을 지펴 몸을 녹이고 낡은 침대에 누워 잠을 청한다. [그림 3]에서 보듯이, 파벨이 난로에 불을 지필 때 굴뚝으로 솟아오르는 연기는 이곳이 지금처럼 폐허가 되기 전에 매우 아늑하고 아름다운 느낌을 자아내는 목가적 공간이었음을 상기시킨다. 하지만 [그림 4]는 지금은 이곳이 쫓고 쫓기는 세르게이와 파벨의 관계에서 긴장감 넘치는 위기의 장소일 뿐임을 보여준다. 바꾸어 말하자면, 이 오두막은 소비에트 시대 북극 영화에서 보이는 것과 정반대로 사람들 사이에 따뜻한 가족적 분위기가 넘쳐나는 곳이 아니라 인간관계를 파괴하는 위협적 분위기가 지배하는 곳이다.

더 흥미로운 점은 [그림 4]의 장면이 파벨이 즐기는 비디오 게임에서 쫓고 쫓기고, 죽고 죽이는 장면을 현실 속에 반대로 옮겨 놓았다는 것이다. 다시 말해 비디오 게임에서 파벨은 추적자가 되어 현실 속의 오두막처럼 버려진 건물들에 숨어 있는 적을 찾아 사살한다. 하지만 현실에서 파벨은 총을 든 세르게이의 추적을 피해 버려진 오두막에서 극도의 긴장 속에 몸을 숨기고 있다. 이와 함께 파벨의 비디오 게임에서 추적자는 여기 저기 버려진 건물들에 도사리고 있는 적들을 찾아 나서 사살하려고 하지만, 결국 마지막에 가서 방사능 오염 지역에 접어들었다가 사망한다. 이런 식으로 비디오 게임의 가상현실에서 추적자의 역할은 게임의 주체인 파벨이 맡고 있지만, 실제 세계에서는 파벨을 찾아 나선 세르게이가 추적자의 역할을 맡게 된다. 그리고 실제 세계에서 방사능 오염으로 생명을 잃게 되는 사람은 파벨이 아니라 세르게이다. 요컨대, 비디오 게임의 가상현실과 주인공들의 실제 세계가 많이 닮아 있지만, 두 세계 사이에서 중대한 역할 반전이 일어나면서 소비에트 영화의 '북극 신화'에 특징적인 "영웅주의의 풍경"도 해체된다. 파벨은 포스트소비에트 시대 북극 공간에서 '영웅적' 행보를 보이기는커녕 오히려 '반영웅적' 비겁성으로 세르게이를 죽음으로 몰아넣을 뿐만 아니라 자기 자신도 도덕적, 윤리적 죽음으로 빠져든다.

이처럼 『나는 이번 여름을 어떻게 보냈는가』에서 북극의 시각적 재현은 주인공들이 인간적, 가족적 유대감으로 똘똘 뭉쳐 난관을 헤쳐 나가면서 임무를 완수하는'영웅주의의 신화적 풍경'을 보여주지는 않는다. 이 영화는 반대로 소비에트 모더니티의 잔해들이 쌓여 있는 신화의 해체와 폐허의 풍경을 보여준다. 기상관측소 주변에 오랫동안 방치돼 있는 기름통들과 원자력 시설, 해안가 절벽 오두막처럼 버려진 건물들은 쇠퇴의 우울한 풍경을 연출할 뿐이다. 이런 식으로 포포그렙스키는 혹독한 자연환경이 지배하는 포스트소비에트 북극 공간에서 목가적 삶의 이상 실현이라는 소비에트 프로파간다가 더는 작동하지 않음을 암암리에 강조한다. 이 영화에서북극은 고립과 고독, 고요가 압도하는 곳인 동시에, 방사능 피폭을 암시하는 장면에서 짐작할 수 있듯이, 죽음이 도사리는 곳이기도 하다. 이런 점에서 포포그렙스키의 영화는 소비에트 영화의 '북극 담론'에 대한 도전과 해체 작업으로 읽을 수 있다. 『나는 이번 여름을 어떻게 보냈는가』에서 확인했듯이, 포스트소비에트 시대 러시아 영화에서 북극 공간은 소비에트 모더니티의 낡은 이미지만 남아 있는 폐허와 해체의 우울한 풍경이 압도한다. 흥미롭게도 이러한 시각적 재현 양상은 2014년에 나온 안드레이 즈뱌긴체프의 『리바이어던』에서도 뚜렷하게 감지된다. 이 영화를 앞뒤로 감싸고 있는 도입부와 종결부에 제시되고 있는 러시아 최북서쪽 콜라반도 무르만스크 바렌츠해 연안의 황량한 풍경은 해안가 여기저기에 마치 거대한 동물의 사체처럼 버려져 있는 폐선들의 모습에서 폐허의 이미지를 불러일으킨다. 즈뱌긴체프 감독이 영화 촬영 장소로 선택한 이곳은 러시아 북극권 콜라반도 최북단 항구 마을테리베르카이다. 테리베르카는 러시아 북극권 최북단 항구 마을 가운데 하나로 1927년 조성됐고 1950년대에 이르러서는 북극 어업이 성행하면서 번창하기 시작했다. 최근 나온 한 연구에서 알 수 있듯이, 테리베르카에서 산업이 발전하고 인구가

[그림 5] 『리바이어던』의 시작 부분에서 보이는 폐허의 풍경 (출처: 저자 캡처)

대폭 증가하고 신고전주의 양식의 현대식 건물도 곳곳에 들어서면서 소비에트 모더니티의 영향이 북극권 변방까지 확장됐다.(Olsen & Vinogradova 2019, 1-18) 그러나 1991년 소련 해체 이후 1990년대 러시아 경제가 최악의 상황에 빠지자 테리베르카도 경기 침체의 직격탄을 맞았고 인구가 급속히 감소하면서 많은 장소와 건물이 텅텅 비었다. 그 결과 포스트소비에트 시대 테리베르카는 "해체의 엔트로피 과정"에 들어갔다.(Larsen and Hemmersam 2013, 177) 즈뱌긴체프가 『리바이어던』에서 포착하여 강조하고자 한 부분도 바로 테리베르카를 둘러싸고 있는 해체와 폐허의 풍경이었다.

[그림 5]와 [그림 6]에서 보이는 선박의 잔해는 영화 속 테리베르카를 둘러싸고 있는 황폐와 황량, 해체와 폐허의 북극 풍경을 적나라하게 보여주는 것이기도 하지만, 이곳에 서려 있는 스탈린 시대 정치 박해의 아픈 기억을 떠올려 주는 것이기도 하다.(Vassilieva 2018, 36) 1920년대 테리베르카에는 러시아 북극권 콜라반도에 건설된 스탈린 시대강제노동수용소(GULAG) 가운데 한 곳이 존재했다. 이곳 수용소에 수감된 사람들은 주로 바렌츠해를 무대로 한 어업 활동에

[그림 6] 『리바이어던』의 종결 부분에서 보이는 해체의 풍경 (출처: 저자 캡처)

동원됐다. 『리바이어던』의 도입부와 종결부에서 반복적으로 제시되는 선박 잔해들은 바로 이들 수감자가 어업 활동에서 사용했던 배였다. 이런 식으로 즈뱌긴체프는 소비에트 시대 북극 공간과 풍경에 아로새겨져 있는 정치 박해의 역사적 기억을 포스트소비에트 시대 '북극 담론'의 중요한일부로 소환해 낸다. 바로 이런 측면에서 즈뱌긴체프의 『리바이어던』은 게라시모프의 『용감한 7인』과 청춘의 도시(Город юности, 1938), 알렉세이 시모노프(Алексей Симонов)의 『일상적 북극』(Обыкновенная Арктика, 1974)과 극명한 대비 관계를 형성한다. 이들 소비에트 시대 북극 영화는 북극에서 새로운 삶을 건설하는 데 매진하는 사람들의 영웅적 노력을 찬미하고 있는 반면, 코미 공화국 보르쿠타나 크라스노야르스크 변강주 노릴스크 등 북극권 산업도시 건설에 동원된 정치 박해 희생자들의 이야기에 대해 모두 침묵하고 있다. 바로 이런 점에서 즈뱌긴체프의 『리바이어던』은 소비에트와 포스트소비에트 시대를 통틀어 최초로 북극 공간을 둘러싼 강제 노동과 정치 박해의 역사를 어둠 속에서 끌어낸 영화로 규정할 수 있다. 『리바이어던』은 러시아 북극권 무르만스크주 바렌

[그림 7] 니콜라이의 집에서 보드카를 마시는 니콜라이와 친구 드미트리 (출처: 저자 캡처)

츠해 연안의 작은 어항 마을을 배경으로 이곳에 거주하는 니콜라이와 그의 아내, 아들에게 닥친 예기치 않은 불행을 극적 반전의 이야기로 들려준다. 중년의 니콜라이는 재혼한 미모의 아내와 함께 중학생 아들을 데리고 부모님에게서 물려받은 해안가 주택에서 자동차 정비소를 운영하며 살아간다. 그러나 이들의 가정은 재혼한 부인 릴리야와 중학생 아들 로마가 자주 신경전을 벌이면서 부모와 자식 사이에 긴장과 갈등 관계가 형성된다. 이런 상황에서 니콜라이의 마을이 속한 도시의 시장이 그의 집을 빼앗아 그 자리에 교회를 지을 계획으로 개발 지역으로 지정하면서 갈등 관계가 개인 대 권력 구도로 번지고 니콜라이의 가족이 해체의 위기로 빠져들기 시작한다. 재앙의 어두운 그림자는 포스트소비에트 시대의 '작은 인간'(Little Man)(Wengle 2018, 1017)으로 형상화되어 있는 니콜라이를 둘러싼 인간관계 전반의 해체로 이어진다.

홍미롭게도 『리바이어던』에서 인간관계를 매개해주는 수단 가운데 하나는 바로 보드카다. 『리바이어던』의 주요 서사는 모스크바에서 변호사로 활동하는 드미트리가 어려움에 빠진 군대 동료 니콜라

[그림 8] 소풍 장소에서 사격하기에 앞서 보드카를 마시는 파샤와 스테파니치, 드미트리, 니콜라이 (출처: 저자 캡처)

이를 도와주기 위해 기차를 타고 지방 도시에 도착하는 장면과 함께 시작한다. 니콜라이와 드미트리는 군대 시절 둘도 없는 친구로 가깝고 친밀한 사이이다. 이러한 관계는 전역 후 오랜 시간이 지나고 나서 다시 만났을 때도 변함없는 모습으로 제시된다. 이는 두 친구가 다시 만났을 때 시도 때도 없이 보드카를 마시는 장면에서 잘 드러난다. 바꾸어 말하자면, 이들의 친밀한 관계는 알코올을 매개로 더 심화된다고 할 수 있다. 니콜라이와 드미트리는 니콜라이의 집 안에서 보드카를 마시며 지난 시절을 추억하기도 하지만, 집 밖에서 여러 사람과 어울리면서 보드카를 마시며 즐거운 시간을 보내기도 한다. 예를 들면, 니콜라이와 드미트리는 이웃집 남자인 이반 스테파니치가 자신의 생일 기념으로 계획한 소풍에 함께 갔다가 사격 놀이를 할 때 큰 잔으로 보드카를 연거푸 들이킨다. 이 자리에는 이반 스테파니치 외에도 교통경찰로 일하는 친구 파샤와 그의 부인 안젤라도 섞여 있는데, 모두가 한 자리에 모여서 허물없이 어울릴 수 있었던 주된 계기는 바로 보드카였다. 여기서 보드카는 사람들 사이의 이질감을 희석하고 집단적 동질감을 불러일으켜준다. 보드카는 어떤 장소 어떤 시간에도 사람들 사이의 관계를 원활하게 유지해 주는 중요한 장치이다. 다시 말해서 네 남자가 본격적으로 사격에 나서기 전에 사뭇 진지한 모습으로 마시는 보드카는 남성적 동질감이나 유대감을 표시하고 강조하는 장치로 작용한다.(라승도 2015, 52-53)

이처럼 보드카는 인간관계를 원활하게 이어준다는 점에서 순기능을 담당하기도 하지만, 다른 한편으로 인간관계를 해체의 위기로 몰아넣는 원인이 된다는 점에서 역기능을 담당하기도 한다. 소풍 장면에서 니콜라이 가족과 파샤 가족 등 모든 사람이 사격 시합이 끝나고 나서 음식을 먹으며 한가롭게 시간을 보내고 있는 사이에 니콜라이의 아내인 릴리야가 가만히 자리를 뜬다. 이때 드미트리도 조심스럽게 어디론가 향하는데, 나중에 릴리야와 드미트리는 사람들이 보이지 않는 곳에서 넘어서는 안 된 선을 넘고 만다. 다시 말해 두 사람은 사람들이 보이지는 않지만, 가까이에 있는 곳에서 육체관계를 갖다가 발각되어 니콜라이와 드미트리 사이에서 주먹다짐까지 벌어지면서 이들은 친밀 관계에서 적대 관계로 반전된다. 다시 말해 두 친구의 인간관계는 해체 과정을 맞이한다. 게다가 니콜라이는 아내 릴리야가 어떤 흔적도 남기지 않고 사라졌다가 나중에 해변에서 변사체로 발견될 때까지 매일 불안과 초조 속에 보드카를 폭음하면서 삶이 피폐해진다. 이처럼 해체의 이미지는 북극권 해안 마을의 자연 풍경만 아니라 이곳에 사는 사람의 육체적, 정신적 풍경까지도 지배한다.

『리바이어던』에서 악독한 시장까지 포함하여 거의 모든 작중인물이 영화 전편에 걸쳐 보드카를 들이키는 모습은 러시아 사회 보수층과 정부 관계자들에게서 강력한 비난을 불러일으켰다. 이들은 보드카에 물들고 험한 욕설이 난무하는 『리바이어던』이 러시아 사회의 긍정적 이미지를 파괴하고 부정적 이미지만 고착화시킨다고 개탄을 금치 않았다. 특히 블라디미르 메딘스키 러시아 문화부 장관은 『리바이어던』에 욕설과 폭음 장면이 지나치게 많이 나와서 이 영화가 평단에서 아무리 높은 평가를 받았어도 개인적으로 전혀 마음에 들지 않는다고 직설하기도 했다. 이와 함께 메딘스키 장관은 『리바이어던』에서 '긍정적 주인공'을 전혀 찾아볼 수 없다고 지적하기도 했다. 메딘스키의 이런 발언은 한편으로 『리바이어던』이 '긍정적 주인공' 들로 가득 찬 소비에트 '북극 영화'에 나타난 "영웅주의의 풍경"을 과감하게 해체하고 있다는 사실을 간접적으로 뒷받침해준다.

III. 결론

즈뱌긴체프의 『리바이어던』과 2014년 같은 해에 나온 나탈리야 메샤니노바의 『'희망' 공장』은 콜라반도의 테리베르카처럼 정치 박해 희생자들에 의해 건설된 크라스노야르스크 노릴스크를 배경으로 하고 있고 『리바이어던』과 마찬가지로 오늘날 러시아 북극권 지역이 맞닥뜨리고 있는 심각한 사회적 문제들을 전면에 내세우고 있다. 예를 들면, 이 영화에서도 노릴스크에 사는 청소년들이 폭언과 폭음이 자신들의 인간관계를 더 돈독하게 해주기라도 하듯이 모이기만 하면 보드카를 마시고 심한 욕설을 서로 퍼붓는다. 이와 함께 주인공 소녀와 부모의 관계에서 드러나듯이 세대 차이와 갈등도 심각한 수준에 다다른 것으로 묘사된다. 특히 주인공 소녀 같은 젊은이들은 노릴스크가 고립돼 있어 질식할 것만 같아 기회가 되면 언제든지 이곳을 떠나려고 시도한다. 아이러니하게도, 노릴스크에 있는 세계 최대 니켈 생산 공장 이름이기도 한 영화 제목에서 보이는 '희망'의 메시지는 '나데즈다'란 공장 이름과 똑같은 이름을 갖고 있는 여성 인물이 영화 후분부에서 물에 빠져 죽음으로써 '절망'의 메시지로 뒤바뀐다.

이처럼 2010년대 포스트소비에트 시대에 새롭게 선보인 '북극 영화' 중 대표 작품들은 '해체의 풍경'을 강조하면서 소비에트 시절에 확립된 '북극 담론'을 전복하고 있다. 이와 함께 『리바이어던』에서 볼 수 있는 것처럼 지금까지 무시됐거나 금기시됐던 정치 박해의 역사적 기억도 현대 러시아 영화와 북극의 시각적 재현에서도 중요한 일부를 형성하기 시작했다. 이러한 새로운 재현 양상은 북극권 소수 토착민족의 강제 재정착과 집단화, 환경오염과 파괴 등 또 다른 '해체의 풍경'을 제시하면서 오늘날 북극 공간에서 당면한 문제의 슬기로운 해결을 모색할 수 있는 계기를 열어줬다는 점에서 큰 의미가 있다. 특히 『하얀 이끼』(Белый ягель)와 『혼 유시』(Хон Юш)처럼 소수 토착민족 문제를 그들 자신의 시각에서 묘사하는 영화들이 잇따라 나오고 있는 점도 매우 고무적이다. 따라서 이들 영화에 대한 소개와 분석 작업도 진지하게 이뤄질 필요가 있다.

참고문헌

김정훈 외. 2018.『러시아 북극 공간의 이해: 서북극권과 서시베리아의 지정, 지경 및 지문화적 접근』. 서울: 한연문화사.

라승도. 2015. “『리바이어던』: 친밀과 낯섦의 이중주.” Russia & Russian Federation, Vol. 6, No. 1. 49-55.

Bugaeva, Lyubov. 2015. “‘Here will be a Garden-City’: Soviet Man on an Arctic Construction Site.” Scott MacKenzie & Anna Westerståhl Stenport, eds. Films on Ice: Cinemas of the Arctic: Traditions in World Cinema. 310-324. Edinburgh: Edinburgh University Press.

Frank, Sui K. 2010. “The City of the Sun on Ice: The Soviet (Counter-) Discourse of the Arctic in the 1930s.” Anka Ryall, Johan Schimanski, Henning Howlid Wærp, eds. Arctic Discourses. 106-131. New Castle: Cambridge Scholars Publising.

Holden, Stephen. 2011. “Standoff in Frigid Circle of Hell.” https://www.nytimes.com/2011/01/28/movies/28how.html (검색일: 2019.05.20.)

Lipovetsky, Mark & Mikhailova, Tatiana. 2010. “Aleksei Popogrebskii: How I Ended This Summer (Kak a provel etim letom, 2010).” http://www.kinokultura.com/2010/30r-leto.shtml (검색일: 2019.05.20.)

McCannon, John. 1998. Red Arctic - Polar Exploration and the Myth of the North in the Soviet Union, 1932-1939. Oxford: Oxford University Press.

Maccannon, John. 2003. “Tabula Rasa in the North: The Soviet Arctic and Mythic Landscapes in Stalinist Popular Culture.” Evgeny Dobrenko and Eric Naiman, eds. *The Landscape of Stalinism: The Art and Ideology of Soviet Space*. 241-260. Seattle: University of Washington Press.

Olsen, Bjørnar Julius & Vinogradova, Svetlana. 2019. “(In)significantly Soviet: the Heritage of Teriberka.” Journal International Journal of Heritage Studies, Vol. 82, No. 2. 1-18.

Penskaja, Elena. 2015. "Arctic Narrative Semantics in Soviet History, Fiction and Art of the 1930s." Enthymena, No. 13. 167-183.

Pollock, Ethan. 2010. "'Real Men Go to the Bania': Postwar Soviet Masculinities and the Bathhouse." Kritika: Explorations in Russian and Eurasian History, Vol. 11, No. 1. 47-76

Sarkisova, Oksana. 2019. "Moving Through the Century: The Far North in Soviet and Contemporary Russian Nonfiction." Lilya Kaganovsky, Scott MacKenzie and Anna Westerstahl Stenport, eds. Arctic Cinemas and the Documentary Ethos. Bloomington: Indiana University Press. 231-253.

Staalesen, Atle. 2019. "Russia's Far East Ministry to Get Powers over Arctic Policy." The Independent Barents Observer. (January 21). http://seanews.ru/2019/03/01/en-russian-far-east-development-ministry-gets-powers-over-arctic/ (검색일: 2019.05.30)

Strukov, Vlad. 2012. "Ludic Digitality: A. Sokurov's Russian Ark and A. Popogrebskii's How I Ended This Summer as Cinegames." Digital Icons: Studies in Russian, Eurasian and Central European New Media, No 8. 19-45.

Vassilieva, Julia. 2018. "Russian Leviathan: Power, Landscape, Memory." Film Criticism, Vol. 42, No. 1. 32-45.

Wengle, Susanne. 2018. "Russia's Post-Soviet Ideological Terrain - Zvygintsev's Leviathan and Debates on Authority, Agency, and Authenticity." Slavic Review, Vol. 77, No. 4. 998-1024

Басалаева, Ирина. 2018. "Оптическое устройство кино эпохи «Скреп» - Фильм «Территория»." http://gefter.ru/archive/25186 (검색일: 2019.05.20.)

Басалаева, Ирина. 2019. "Настоящие люди в отечественном кино эпохи «доброго патриотизма»." Новое литературное обозрение, Vol. 19, No. 3. 149-168

제2부

러시아 북극 북서 지역 답사

제1장

북부와 북극 사이 : 아르한겔스크의 지역 정체성과 이미지

라승도

최근 러시아 국내 뉴스를 장식하는 주요 사건 가운데 하나는 일부 지방에서 토지 사용을 둘러싸고 당국과 주민 사이에 불거진 갈등과 충돌 사태다. 분란은 지방 당국이 주민의 동의를 구하기는커녕 미리 알리지도 않은 채 제멋대로 땅을 처리한 데서 비롯됐다. 캅카스 잉구세티아 공화국에서는 작년부터 주민들이 자신들의 영토 일부가 이웃 체첸 공화국에 이양되는 공화국 간 경계 조정을 반대하는 시위로 당국과 잦은 충돌을 빚고 있다. 또 지난주부터는 '우랄의 수도'에서 호수공원 녹지에 러시아 정교회 사원과 고층 주택을 지으려는 예카테린부르크시 당국의 일방적 계획에 강력하게 반발하는 주민들의 시위가 연일 끊이지 않고 있다. 시위 양상이 심상치 않자 급기야 블라디미르 푸틴 대통령까지 나서서 사원 건설 찬반을 묻는 주민투표

이 글은 한국외국어대학교 러시아연구소 주간 온라인 칼럼 『Russia·Eurasia Focus』(2019년 제529호)에 실린 내용을 수정 보완한 것임.

지난 5월 1일 아르한겔스크 주민들이 '시에스에서 손 떼라!'고 쓰인 플래카드를 앞에 내걸고 쓰레기 매립지 건설 반대 시위를 벌이고 있다 (사진: tsargrad.tv)

를 제안하기도 했다.

이에 앞서 북서연방관구 소속의 아르한겔스크에서도 수도 모스크바에서 배출되는 쓰레기 처리용 매립지 건설에 반대하는 대중 시위가 지난 2월부터 시작되어 지금까지 이어지고 있다. 이 과정에서 아르한겔스크의 산간 마을 시예스가 쓰레기 매립지로 알려지면서 전국적 관심 대상으로 급부상했다. 시예스는 특히 이웃 코미 공화국과 인접해 있어 쓰레기 매립지 건설 문제가 아르한겔스크 주민에게서만 아니라 코미 주민에게서도 강한 반발을 불러일으키고 있다.

아르한겔스크 시위는 이 지역의 정체성과 이미지를 새롭게 되돌아보게 하는 좋은 계기를 제공해 주기도 한다. 아르한겔스크는 수백 년에 걸쳐 형성된 유구한 문화전통과 태고의 자연환경이 잘 보존된 '러시아 북부'의 대표 지역으로 유명하다. 러시아 인문학자 드미트리 리하초프가 일찍이 강조했듯이 '러시아 북부'는 인간과 자연이 혹독한 조건 속에서도 조화롭게 결합하여 훌륭한 문화를 꽃피운 곳이다. 이

'말리예 코렐리' 야외 목조건축 박물관 풍경 (사진: 라승도)

는 수 세기에 걸친 '러시아 북부'의 역사와 문화, 자연이 한데 어우러져 일대 장관을 연출하는 '케노제로 국립공원'에만 가 봐도 쉽게 알 수 있다. 이와 함께 러시아 최대 야외 목조건축 박물관인 '말리예 코렐리'도 '러시아 북부' 특유의 생활양식과 정신세계를 잘 보여준다. 솔롭키 섬도 빼놓을 수 없다. 바로 이런 곳에 심각한 환경오염을 일으키는 쓰레기 매립지를 건설한다면, '러시아 북부'의 소중한 자연·문화유산 보존 지역으로서 아르한겔스크가 그동안 다져온 정체성과 이미지는 큰 타격을 입을 수 있다.

아르한겔스크는 제정 러시아 시절 농민들이 중앙정부에 조세를 바치는 조건으로 농노제의 사슬에서 벗어나 자율성을 구가했던 지역이기도 하다. 그래서 이곳 주민들은 중앙정부의 지배와 강제에서 상대적으로 자유로웠던 과거를 소중하게 기억하고 있을 뿐 아니라 이런 과거에 대단한 자부심을 느끼기도 한다. 이는 오늘날 아르한겔스크에 가면 한 번쯤은 듣게 되는 향토사의 중요한 일부이기도 하며 '러시아 북부'를 대표하는 아르한겔스크의 지역 정체성과 이미지를 구성하는 핵심 요소이기도 하다. 아르한겔스크 주민들이 모스크바에서 반출되는 쓰레기 처리용으로 시예스에 건설되는 매립지를 반대하는 이유 가운데 하나도 바로 이런 배경에서 찾을 수 있을 것이다. 중앙정부에서 결정하여 시행하는 사업이라고 해서 고분고분 따르는 것은 아르한겔스크의 전통과 전혀 어울리지 않는다. 이곳 사람들은 특히 러시아 부와 권력을 독식하면서도 끝없는 욕망의 배설물은 다른 지역에 가져다 버리려 하는 모스크바의 이기적 행태에 분노한다. 이런 점에서 아르한겔스크 시위는 수도 모스크바를 바라보는 러시아 지방의 곱지 않은 시선과 정서를 대변하는 것이기도 하다.

최근 시위 국면에서 드러난 것처럼, 아르한겔스크는 러시아 '북부' 지역으로서 중요한 의미가 있기도 하지만, '북극' 지역으로서도 특별한 가치가 있다. 달리 말하자면, 이곳의 지역 정체성과 이미지는 '북

'북부(북극)연방대학교' 본관과 미하일 로모노소프 동상 (사진: 라승도)

극 요인'에서도 분명하게 찾아볼 수 있다. 아르한겔스크는 2008년 푸틴 대통령이 서명한 '러시아연방 북극 기본 정책 2020'에 따라 러시아 북극권 지역 가운데 하나로 공식 포함됐다. 이후 2014년 5월 발효된 러시아연방 대통령령 296호 '러시아연방 북극권 영토' 규정에서 아르한겔스크의 북극 지위가 다시 한번 강조됐다. 아르한겔스크가 러시아 '북부'와 '북극' 사이에서 독특한 정체성과 이미지를 형성하고 있음은 2009년 설립된 '북부(북극)연방대학교(САФУ, NArFU)' 명칭에서 명료하게 드러난다. 이는 연방대학교 산하 전략연구센터에서 발행하는 학술지 『북극과 북부』를 통해서도 잘 뒷받침된다.

아르한겔스크의 북극 정체성과 이미지는 이곳이 러시아 북극권 최초의 항구로서 북극 탐험과 개발의 전초기지였다는 역사적 사실에서만 아니라 최근에는 '노바야 제믈랴' 제도를 포함한 '러시아 북극' 국립공원 조성과 운영에서도 잘 나타난다. 특히 아르한겔스크 시내에 관리사무소를 두고 있는 '러시아 북극' 국립공원은 북극연방대학교가 운영하는 여름철 '북극 수상대학', '북극 탐사단'과 함께 러시아 북극권 연구와 개발에서 독보적 위치를 자랑한다. 북극 공원 관리사무소의 한 관계자는 북극 생태관광 발전 가능성이 크다고 말하면서 이 공원을 찾는 중국인 관광객 수가 점점 늘고 있다고 덧붙이기도 했다.

2015년 언론 인터뷰에서 이고리 오를로프 주지사는 지역 발전 방향을 북극에 맞추고 있다고 밝히면서 '북극의 관문'으로서 아르한겔스크의 브랜드 개발에 박차를 가해야 한다고 강조했다. 이에 앞서 빅토르 파블렌코 시장은 아르한겔스크시를 러시아 북극 개발의 수도로 새롭게 발전시켜야 한다고 역설했다. 이런 배경 아래 최근 아르한겔스크에서는 북극 주제와 관련한 각종 학술대회와 문화행사가 연중 끊이지 않고 있다. 예컨대, 푸틴 대통령이 직접 참석하는 국제 포럼 '북극: 대화의 영토'가 2010년과 2017년 아르한겔스크에서 이미 열렸고 2020년에 다시 열릴 예정이다. 이와 함께 2017년부터는 아르한겔스크에서 북극권 국가 영화인을 하나로 묶는 '북극 오픈' 국제 영화제가 성황리에 열리기 시작했다. 이 영화제는 북극에 대한 관심을 환기하는 데 개최 목적을 두고 있지만, 그런 관심 환기에서 주도권을 행사하고 있는 곳이 다름 아닌 아르한겔스크임을 보여준다.

아르한겔스크는 '러시아 북부'의 대표 지역으로서만 아니라 '북극'의 핵심 지역으로서도 뚜렷한 정체성과 이미지를 확립하기 위해 왕성한 행보를 펼치고 있다. 러시아 북극 개발의 관문이자 수도로서 위상을 굳힐 수 있는 '문화 자본'이나 '상징 자본'도 적지 않다. 하지만 북극 개발을 둘러싼 아르한겔스크의 이상과 현실 사이에는 간극도 분명히 존재한다. 그런 간극을 드러내 보여주는 아르한겔스크의 이미지 가운데 하나는 도시 중심부와 주변부 할 것 없이 곳곳에서 볼 수 있는 소련 시절의 낙후한 흔적들이다. 아르한겔스크는 북부(극)

아르한겔스크에서 열린 제2회 '북극 오픈' 국제 영화제 행사 장면 (사진: fbereginya.com

지역답게 한겨울 새하얀 눈으로 온통 뒤덮여 있어도 많은 것이 여전히 소련 시절에 멈춰 있는 듯한 인상을 숨기지 못했다. 원대한 '북극 야망'을 품은 도시라고는 하지만, 사람으로 치면 행색이 남루했다. 이런 인상은 예를 들면 북극연방대학교 실무진과 연구자들에게서 직접 보고 느낀 아르한겔스크의 발전된 이미지와는 어울리지 않았다. 아르한겔스크가 러시아 북극을 대표하는 명실상부한 지역으로 웅비하려면 여러 부분에 걸쳐 조화와 균형을 이루는 작업이 반드시 필요해 보인다.

제2장
러시아 쇄빙선 역사와 북극항로

김봉철

북극 지역은 인간의 힘이 미치지 않는 곳으로 오랫동안 남아 있었지만, 기술 발전에 더하여 지구 온난화와 같은 환경 변화로 개발 가능성이 점점 더 커지고 있다. 이 지역은 관광 산업 개발부터 대규모 자원 개발에 이르기까지 개발 가능성이 다양하다. 특히 북극 지역 해양을 가로지르는 이른바 북극항로의 개척과 활용은 기후 변화와 함께 많은 관심을 받고 있다. 여러 분야에 걸친 개발 가능성은 서로 연결되어 시너지 효과를 기대할 수 있는데, 궁극적으로는 북극항로의 개발과 활용으로 수렴되는 것으로 예상할 수 있다. 최근 한국에서도 북극항로에 대한 관심이 높아서 다양한 분야에 걸쳐 논의가 이뤄지고 있다.

북극권 국가 중에서 러시아는 인접 영토가 가장 넓어 오래전부터

이 글은 한국외국어대학교 러시아연구소 주간 온라인 칼럼『Russia·Eurasia Focus』(2019년 제543호)에 실린 내용을 수정 보완한 것임.

상트페테르부르크 '북극·남극박물관'의 쇄빙선 소개 그림 (사진: 라승도)

자연스럽게 이 지역에 관심을 기울이며 탐험하려는 동기가 충분했다. 최근 러시아는 서방 국가들의 경제 제재로 북극 지역에서 자원 개발에 영향을 받고 있지만, 비제재 대상 자원 개발에 여전히 많은 관심을 두고 있다. 특히 러시아는 역내 지하자원과 항로를 새롭게 개발하는 여러 프로젝트를 활발하게 진행하고 있다.

북극 지역을 덮고 있는 빙하와 같은 혹독한 자연환경은 많은 러시아 사람에게 자신들의 관심과 모험 정신을 실천하는 데서 큰 걸림돌이 되기도 했다. 결국 북극 지역 대한 러시아의 관심과 탐험 노력은 이런 장애물을 넘어서려는 싸움에 관한 이야기들로 가득하다. 특히 북극해를 채우고 있는 얼음을 부수며 항해하는 쇄빙선은 인류의 북극 지역 도전을 보여주는 대표적인 상징이면서 북극 지역에 대한 러시아의 깊은 관심을 보여주는 이야기들로 가득 차 있다.

인류가 가진 쇄빙선의 역사는 11세기 북러시아 지역에서부터 시작된다고 하지만, 더 본격적인 의미에서는 1864년 건조된 세계 최초의 증기 추진 쇄빙선 파일럿호가 건조되면서 시작됐다고 할 수 있다. 이 증기 쇄빙선의 출현은 프로펠러가 장착된 쇄빙선의 발전에 크게 이바지하게 됐다. 파일럿호의 뒤를 이어 보이호(1875)와 부이호(1889) 등이 건조됐는데, 사실상 처음으로 북극 지역을 항해할 수 있었던 것은 러시아의 예르마크호였다. 예르마크호는 1897년 당시 최고의 선박 건조 기술을 보유한 영국 암스트롱 위트워스(Armstrong Whitworth)사의 뉴캐슬 조선소에서 건조됐고, 1963년 퇴역할 때까지 북극 지역 쇄빙선 역사를 고스란히 담아냈다.

러시아는 20세기 초부터 북극해 연구와 북극 지역의 상업적 개발을 확대할 목적으로 쇄빙선 건조 계획을 수립했다. 이 계획의 핵심은 예르마크호의 설계를 토대로 하는 강력한 쇄빙선을 마련하는 데에 있었다. 이를 위해 제정 러시아 시절인 1916년 마카로프 제독의 설계에 따라 영국 암스트롱 위트워스사가 뉴캐슬 조선소에서 스뱌토고르호를 건조했다. 하지만 러시아 신화 속 전사의 이름에서 유래한 쇄빙선의 명칭은 나중에 소련이 건조 비용을 영국에 지급하지 않으면서 뒤바뀌는 비운을 맞이한다. 영국 해군은 선박 건조 대금 지급을 소련으로부터 담보하기 위해 스뱌토고르호를 나포한다. 그러자 1921년 레오니트 크라신이 소련을 대표하여 영국과의 협상에 나서 재구매 방식으로 스뱌토고르호를 소련으로 가져왔다. 이를 기념하기 위해 쇄빙선 이름도 스뱌토고르호에서 크라신호로 바뀌었다.

크라신호는 인류에게 오랫동안 쇄빙선의 상징이 되었다. 이 쇄빙선은 제2차 세계대전에서 군함으로도 활약했는데, 전쟁 물자를 북극해를 통해 소련으로 공급하는 호송 임무에 투입됐다. 이 과정에서 여러 차례 폭격과 잠수함 공격을 받기도 했다고 한다. 그러나 이런 과정과 경험은 러시아가 무르만스크 등 북극해와 직접 연결되는 북부 항구를 적극적으로 개척하는 결과로 이어졌다. 크라신호는 북극 항해 쇄빙선의 필요성에 따라 전후에도 재건되어 1971년 10월 항해까지 북극 탐사와 관련된 다양한 임무에 참여했다. 1972년에는 북극해를 벗어나 바렌츠해와 그린란드, 스피츠베르겐 인근에서도 임무를 계속 수행했다.

러시아는 크라신호가 퇴역 이후 해외로 판매되는 것을 방지하기 위원회를 조직하여 역사적 유물로 보존할 계획이었지만, 구매 자금을 확보하지 못하면서 이 역사적인 쇄빙선을 오랜 시간 방치했다. 결국 크라신호는 2004년 상트페테르부르크의 조선소와 광업대 등이 밀집된 바실리섬에 정박되어 세계해양박물관으로 꾸며져 일반에게 공개됐고, 아이스 캡틴스 클럽, 러시아 아마추어 협회, 크라신 프렌즈 클럽 등 다양한 행사가 쇄빙선 안에서 개최됐다. 크라신호는 상징

지금은 무르만스크 항구에 정박하여 박물관으로 쓰이고 있는 세계 최초 핵 추진 쇄빙선 레닌호 외관 (사진: 라승도)

성을 기반으로 해양극지 연구 역사와 러시아 해양유산본부 연구의 중심지 역할도 수행하고 있는데, 2019년에는 한국이 참여한 북극 연구 관련 학술대회도 이곳에서 열렸다.

러시아는 크라신호 등 혁신적 쇄빙선을 활용하여 북극 지역의 혹독한 환경을 극복하고자 했다. 또 핵 추진 쇄빙선을 건조하여 북극 지역 항해 역사에 새로운 방향을 제시하기도 했다. 특히 1957년 최초의 핵 추진 쇄빙선 레닌호가 등장한 이래 최근 우랄호까지 개발하면서 핵 추진 쇄빙선이 적극적으로 활용되고 있다. 핵 추진 쇄빙선은 선박의 항속 거리와 쇄빙 능력을 혁신적으로 확대했으며, 장기간/장거리 항해를 통한 북극항로 개척에 놀라운 성과를 낳았다.

러시아 북부 항구 도시 무르만스크에 있는 세계 최초 핵 추진 쇄빙선 레닌호는 1957년 소련에서 처음 만든 핵 추진 수상함이자 핵 추진 민간 소유 선박이다. 사실 레닌호는 원래 그 전에 건조된 재래식 쇄빙선에 붙여진 이름이었다. 재래식 쇄빙선 레닌호는 크라신호의 자매선으로 1917년 영국 암스트롱 위트워스사에서 성 알렉산드르 넵스키라는 이름으로 건조됐으며, 1919년 러시아로 인계되어 주로 북극항로의 카라해 주변을 개척하는 데 공헌했다. 이 쇄빙선은 크라신호처럼 제2차 세계대전에도 참전하고 냉전 시대까지 활동했지만, 핵 추진 쇄빙선 레닌호가 건조되면서 블라디미르 레닌호로 개명되어 1977년 퇴역할 때까지 활용됐다.

핵 추진 쇄빙선 레닌호는 소련이 당시 레닌그라드(현재 상트페테르부르크) 발틱 조선소에서 핵 추진을 위한 OK-150 원자로 3기(2기 추진, 1기 예비)를 배치하여 건조했다. 배수량 16,000t과 길이 134m 규모인 레닌호는 243명의 승무원이 탑승하여 1959년부터 북극 지역 탐사와 북극항로를 활용하는 러시아 화물선들을 위한 해상 개척 역할을 주로 수행했다. 원자력을 활용하는 레닌호의 출현은 쇄빙선 역사에서 놀라운 혁신을 가져왔고, 더 나아가 전 세계 조선 기술과 선박 운용 등 해상 분야에도 전반적으로 많은 영향을 끼쳤다.

그러나 레닌호는 1965년 냉각재 상실 사고를 겪었고, 1967년에는 냉각 시스템 결함이 드러나기도 했다. 이 두 사고로 선체가 부분적으로 녹는 결함이 나타나면서 레닌호는 1970년까지 더 안전한 원자로로 대체하는 큰 보수 공사를 받았다. 이 보수 공사로 레닌호의 기존 OK-150 원자로가 해체됐고, 향상된 2개의 OK-900 원자로가 새로 배치됐다. 레닌호에 배치된 이 원자로는 성공적인 운용 덕분에 이후 소련에서 많은 선박용 원자로로 활용됐다. 레닌호는 총 654,400해리 이상 항해한 후 1989년 퇴역했고, 북극항로에서 상징성이 큰 무르만스크 항구에 정박하여 2005년 선체 박물관으로 새로 태어나 일반에 공개됐다.

레닌호의 성공과 실패를 바탕으로 1970년대부터는 수많은 핵 추진 쇄빙선이 항해를 시작했다. 이른바 북극급 쇄빙선인 북극호(1975), 시베리아호(1977), 러시아호(1985), 소련호(1989) 등이 바로 그들이다. 이러한 전통은 야말호(1992)와 2차 세계대전 승전 50주년 기념으로 명명된 승전 50주년호(2007)로 이어진다. 이제는 냉전 시기를 거친 레닌호로 대표되는 1970~80년대 소련 시절 쇄빙선들도 그 역할을 다해가고 있다.

2000년대 들어서 러시아 정부는 40여 년의 핵 추진 쇄빙선 운용 기술을 바탕으로 혹독한 겨울을 포함하여 연중 북극항로를 이용하려는 프로젝트 22220(LK-60)을 수립했다. 야심차게 선보이는 이 계획으로 새로운 북극호(2016), 시베리아호(2017), 우랄호(2019) 등 북극급 신형 쇄빙선들이 진수되어 강력한 쇄빙 선단이 변화하는 북극 지역 환경에 투입되고 있다. 배수량 33,540t과 길이 173m의 초대형 규모를 자랑하는 신형 북극호는 2013년 건조가 시작되어 2016년에 진수됐다. 블라디미르 푸틴 러시아 대통령은 2035년까지 핵 추진 쇄빙선 9척 등 최소 13척의 쇄빙선을 운영하겠다고 발표했다. 북극항로와 쇄빙선에 대한 러시아의 굳은 의지를 확인할 수 있는 대목이다.

이제 러시아 정부는 북극 지역을 둘러싼 안보적 인식을 확보하면서 경제적 개발을 위해 노력하고 있다. 러시아만이 보유한 핵 추진 쇄빙선 운용 능력은 쇄빙 전투함과 쇄빙 화물선 등의 개념으로 결합되고 있다. 러시아는 북극 지역이 자원 공급 거점이라는 단순한 경제적 관점을 넘어서 국가 안보를 비롯하여 정치, 군사, 기술, 환경 등 모든 범위를 포괄하는 가치를 가진다고 판단한다. 따라서 러시아에 북극 지역은 미래의 존재감을 제대로 인식시켜줄 수 있는 대상이 된다. 북극항로에 대한 관심이 높아진 한국도 북극 지역에 대한 러시아의 관심이 오랜 실천과 수많은 희생에 기반하고 있다는 점을 인식해야 한다. 더 나아가 국내에서도 장기적인 안목에서 꾸준한 연구와 러시아와의 협력을 발전시키려는 태도가 필요하다.

제3장
보르쿠타에서 나리얀마르까지 : 러시아 북극의 길을 가다

이양경

지난 7월 22일 백야가 한창일 시기에서는 이미 며칠 지나 있었지만, 해가 지평선 너머로 모습을 숨긴 것은 아주 짧은 시간뿐이었다. 최우익, 라승도, 김봉철 교수님과 함께 떠난 러시아 북서부 북극 지역 현지 조사에서 첫 번째 도시인 코미공화국 보르쿠타에서 일정을 마치고 나서 다음 현지 조사 장소인 네네츠자치구 수도 나리얀마르까지 최우익 교수님과 나는 비행기가 아닌 육로와 수로를 이용해 가기로 했다. 보르쿠타에서 나리얀마르까지 약 3일 걸리는데, 22일 밤 보르쿠타에서 출발하는 기차를 타고 이라욜이라는 작은 마을까지는 철도로 이동하고 이라욜에서는 택시를 타고 나리얀마르 행 여객선이 출발하는 셸랴유르로 갔다. 셸랴유르에서 1박 후 24일 아침 8시경 이곳에서 조금 떨어진 작은 부두 카벨에서 배를 타고 다시 하루를 꼬박 배에서 보

이 글은 한국외국어대학교 러시아연구소 주간 온라인 칼럼 『Russia·Eurasia Focus』 (2019년 제545호)에 실린 내용을 수정 보완한 것임.

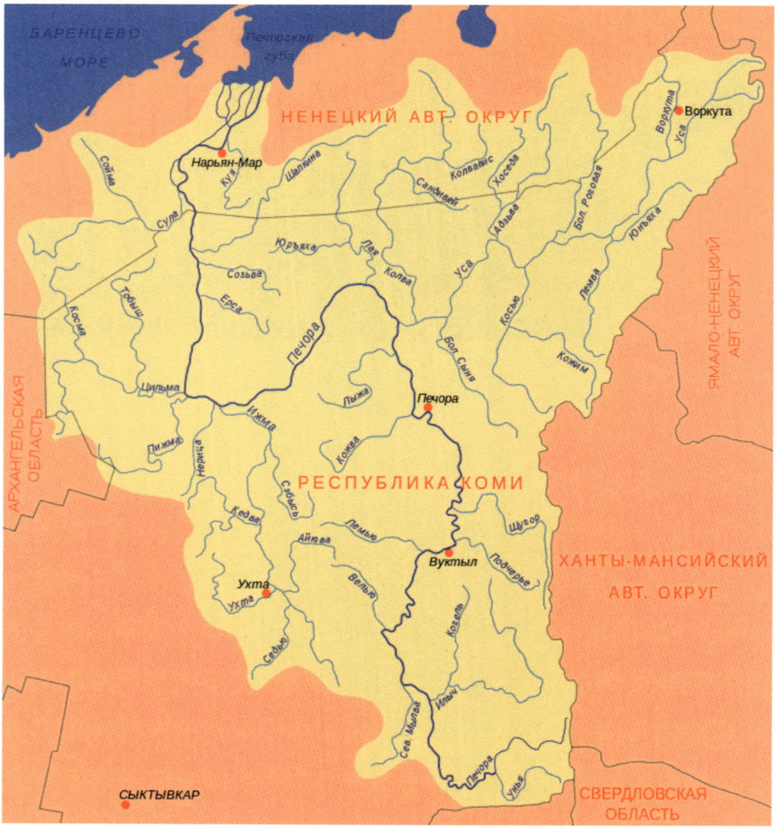

페초라강은 러시아 북서부 북극권 코미공화국에서 네네츠자치구 나리얀마르를 거쳐 바렌츠해로 흘러 들어간다 (그림: 위키피디아)

내고 나면 나리얀마르 항에 25일 11시경 도착하는 긴 여정이었다. 비행기로는 어렵지 않게 금세 도착할 수 있는 길이지만, 육로와 페초라강을 통한 수운을 이용하며 만나게 될 비행기의 간편함으로는 얻을 수 없는 불편함과 지역 주민 생활과 일상을 살펴봐야 해서 이 노선을 선택했다. 아마 러시아인도 잘 이용하지 않을 이 길을 가기 위해 한국에서 사전 준비를 단단히 하고 갔지만, 아무리 준비를 잘했어도 실전은 항상 예상할 수 없는 일들이 끼어들기 마련이다. 계획대로라면 별

다른 문제 없이 긴 여정을 계속할 수 있었을 텐데, 보르쿠타에서 이라욜로 향하는 열차에서 뜻하지 않은 사고에 휘말렸다.

뜻밖의 만남, 케르키 열차 사고

여행은 보르쿠타발 밤 11시 반 기차에서 시작했다. 이라욜로 향하는 열차 차창 너머로는 희미하게 밝은 툰드라의 밤이 보였고, 밤새 열차를 타고 가면 다음 날 점심 무렵에는 목적지인 이라욜역에 도착할 예정이었다. 시간표대로라면 다음 날 아침 11시경에는 목적지인 이라욜에 도착해야 했다. 툰드라의 희미하게 밝은 밤을 바라보며 잠을 청했다.

그러나 다음 날 아침 의외의 소식을 듣게 됐다. 간밤에 내린 비 때문에 철도가 유실됐다는 것이었다. 사고가 일어난 곳은 우리의 목적지인 이라욜역과 소스나고르스크역 사이의 케르키라는 작은 정류장이었다. 사고가 난 곳과 목적지가 아주 가까웠기 때문에 도착에 영향이 없을 수 없었다. 그러나 러시아철도공사 측에서 이렇다 할 해결 방법은 듣지 못한 채 열차는 계속 남쪽으로 향했다.

이후 알게 됐지만, 22일 새벽 폭우로 인해 철도가 유실되며 석탄을 운송하던 열차가 케르키역에서 전복됐다는 것이 구체적인 사고 내용이었다. 짧은 시간 안에 복구할 수 있는 일이 아니었다. 그러나 이른 아침에는 아직 어떤 소식도 들을 수 없었고, 오전 9시 즈음에야 기차들이 모두 사고 지점 전의 가장 큰 기차역인 페초라역에 정차해 있으며 이 열차도 페초라까지만 운행한다는 안내를 받았다. 전날 보르쿠타 북극 마라톤에 참가했던 가스프롬 소속 마라톤 선수로 우리와 함께 열차 객실을 사용했던 사람은 회사 버스로 우흐타까지 이동

할 것이라며 기차가 운행하지 못한다고 해도 도시 간에 자동차용 도로가 있다는 것을 알려 줬다. 만일 당일 내로 철도가 복구되어 몇 시간 지체될 뿐이라면 이라욜에서 셸랴유르까지 이동 수단으로 예약했던 택시 약속 시간을 바꾸기만 하면 된다. 그러나 문제는 이대로 계속 페초라역에 묶일 수도 있다는 것이었다. 그렇다면 배편을 포기하고 나리얀마르로 가는 다른 방법을 찾아야 했다.

케르키 열차 사고의 해결

고민과 불안은 의외로 어렵지 않게 해결됐다. 기차표 환불을 문의하자 열차 승객 담당 매니저가 우리를 위해 환불을 진행해주고 이에 더해 이라욜까지 가는 다른 교통편을 알아보고 이라욜 행 외곽 전철을 예매해 줬다. 최우익 교수님이 별로 기대는 하지 않지만, 해 보자면서 시도했던 것인데, 예상외로 좋은 방향으로 문제가 해결됐다. 전차 시간까지 짐을 놓아두거나 기다릴 수 있는 장소가 있느냐고 물어보자 또 기대 밖으로 장기 대기 승객용 휴게실을 빌려주는 데에는 더 놀랄 수밖에 없었다.

13시 50분경 기차가 이라욜까지 운행한다는 소식을 듣고 우리는 다시 원래 기차에 탑승했다. 기차는 14시 30분에 출발했고 천천히 달려 이라욜에 열차가 도착했을 때는 5시경이었다. 우리의 목적지는 이라욜이었기에 무사히 도착한 것으로 첫 번째 여정을 마무리할 수 있었지만, 더 남쪽으로 가야 하는 승객들은 어떻게 해야 하나? 그런 의문은 역에 도착하자마자 풀렸다. 러시아철도공사가 내놓은 방안은 버스로 소스나고르스크역까지 승객을 이동시키는 것이었다. 이라욜

이라욜역에서 대기하고 있던 가스프롬 버스들 (사진: 이양경)

과 소스나고르스크역 사이에서 사고가 일어났으니 소스나고르스크역까지만 간다면 남쪽으로 운행하는 열차를 타고 다시 여행을 재개할 수 있다. 역으로 소스나고르스크에 묶여 있는 승객들은 버스를 통해 이라욜로 들어와 북쪽으로 여행을 계속한다.

2000년대 들어서 러시아 정부는 40여 년의 핵 추진 쇄빙선 운용 기술을 바탕으로 혹독한 겨울을 포함하여 연중 북극항로를 이용하려는 프로젝트 22220(LK-60)을 수립했다. 야심차게 선보이는 이 계획으로 새로운 북극호(2016), 시베리아호(2017), 우랄호(2019) 등 북극급 신형 쇄빙선들이 진수되어 강력한 쇄빙 선단이 변화하는 북극 지역 환경에 투입되고 있다. 배수량 33,540t과 길이 173m의 초대형 규모를 자랑하는 신형 북극호는 2013년 건조가 시작되어 2016년에 진수됐다. 블라디미르 푸틴 러시아 대통령은 2035년까지 핵 추진 쇄빙선 9척 등 최소 13척의 쇄빙선을 운영하겠다고 발표했다. 북극항로와 쇄빙선에 대한 러시아의 굳은 의지를 확인할 수 있는 대목이다.

이제 러시아 정부는 북극 지역을 둘러싼 안보적 인식을 확보하면서 경제적 개발을 위해 노력하고 있다. 러시아만이 보유한 핵 추진 쇄빙선 운용 능력은 쇄빙 전투함과 쇄빙 화물선 등의 개념으로 결합되고 있다. 러시아는 북극 지역이 자원 공급 거점이라는 단순한 경제적 관점을 넘어서 국가 안보를 비롯하여 정치, 군사, 기술, 환경 등 모든 범위를 포괄하는 가치를 가진다고 판단한다. 따라서 러시아에 북극 지역은 미래의 존재감을 제대로 인식시켜줄 수 있는 대상이 된다. 북극항로에 대한 관심이 높아진 한국도 북극 지역에 대한 러시아의 관심이 오랜 실천과 수많은 희생에 기반하고 있다는 점을 인식해야 한다. 더 나아가 국내에서도 장기적인 안목에서 꾸준한 연구와 러시아와의 협력을 발전시키려는 태도가 필요하다.

승객 운송에는 주변 시내버스뿐만이 아니라 가스프롬사의 버스도 동원됐다. 코미공화국 정부와 러시아철도공사, PJSC 가스프롬의 합의에 따라 가스프롬의 버스는 교통이 복구될 때까지 이 구간에서 계속해서 운행했다고 한다. 가스프롬의 파란색 로고가 박혀 있는 버스가 다른 시내버스나 경찰보다도 먼저 철도공사와 비상사태부 직원들과 함께 승객을 일제히 기다리고 있는 모습은 굉장히 인상적인 장면이었다. 다른 승객들도 비슷한 인상을 받았을 것이다. 이후 보도에 따르면 가스프롬 외에도 루코일과 트랜스네프티-세베르를 비롯한 우흐타와 주변 지역 소재 기업들의 협력이 있었다고 한다.

열차표는 환불되고 의료진이 이라욜에 배치됐다. 소스나고르스크에는 곧 열차 운행이 재개되며 이용되지는 않았으나 임시 숙소가 마련됐고 대기 승객을 위해 음식이 제공됐다. 뉴스에 따르면 발이 묶인 여행객들을 위해 샤워장을 빌려주거나 교통편을 제공해 주겠다는 페초라 시민들의 글이 사회관계망서비스(SNS)에 여러 건 게시됐고도 한다. 또한, 이라욜에서 소스나고스르크를 연결하기 위해 45석 규모의 버스가 28대 배치됐다. 이에 더해 22일 저녁 6시경에는 코미공화국 정부가 철도 이용 불편을 해소하고자 우신스크와 보르쿠타, 식

팁카르를 연결하는 추가 항공편 편성을 발표했다. 그 외에도 열차 지연으로 승객이 금전적 손해를 입었을 때 증빙 서류를 첨부하면 그에 대해 보상도 하겠다고 알렸다.

선로 복구에 48시간이 걸릴 것이라고 철도공사에서 발표했던 대로 7월 24일 새벽에는 복구가 완료되어 2시 20분에 사고 지역을 지나는 첫 화물열차가 출발했다. 24일 오전부터는 여객열차도 정상적으로 운행할 수 있었다. 사고 당시 시각이 22일 새벽 1시 50분쯤이었으니 발표대로 이틀 만에 교통편이 복구됐다. 러시아철도공사는 코미공화국 정부와 주변 기업들의 협력을 얻어 사고에 빠르게 대처하려 노력했고 승객의 불편을 최대한으로 줄이기 위한 조처를 했다. 사고 초반 정보 공유가 잘 진행되지 않았던 점을 제외하면 승객들을 위해 충분히 대처하려 했다는 점에서 러시아의 상황 대처 역량을 다시 보는 기회가 됐다.

페초라강을 따라 나리얀마르로

우여곡절 끝에 이라욜에 도착해 택시를 타고 밤길을 달려 셀랴유르에 도착했다. 핸드폰 신호조차 잡히지 않는 끝없이 펼쳐진 검은 도로는 혼자였다면 적막함을 즐기다가도 어느 순간 덜컥 무서워질 것만 같았다. 약 150km의 도로는 2/3가량 이비포장길로 말로만 듣던 러시아 북부의 도로 사정을 차 안에서 마구 흔들려가며 그야말로 몸으로 체험할 수 있었다. 셀랴유르에 도착했을 무렵에는 이미 어두워져 마을 안을 돌아볼 수 없는 것은 아쉬웠으나 시간상 여유가 나지 않았다.

다음 날 아침 배를 타기 위해 차로 20여 분 이동했다. 당연히 작고

나리얀마르행 바지선과 화물차 선적 모습 (사진: 이양경)

낡았을지언정 항구 시설이 존재할 것이라고 기대했는데 기대는 보기 좋게 배신당했다. 항만 시설 대신 배를 댈 수 있는 평평한 모래톱이 있을 뿐이었다. 바지선에 화물차와 승용차를 선적하고, 예인선 안에 작은 2~4인용 선실에 여객을 수용한다. 예인선에는 화장실은 물론 샤워실도 구비되어 있었고 배 안의 식당에서는 간단한 음식을 제공하고 있었다. 식사비는 한 끼 300루블로 현지 물가에 비춰 봤을 때 절대 싸지 않은 금액이었지만, 따뜻한 식사를 할 수 있다는 점은 만족스러웠다. 뱃삯도 2,000루블 정도이니 확실히 가격 면에서 비행기보다 저렴해 배편이 여름휴가 때 주요 교통수단으로 이용된다는 이유를 알 수 있었다.

여름철 도로는 자동차를 이용하기 어려운 구간이 존재하고 기차를 이용하지 못한다면 수로가 유일한 이동 수단이다. 그러나 수운은 아무래도 육로 운송보다 더 느리고 불편하기 마련이다. 우리가 탔던 배는 그날 시속 약 19~20km로 운항했지만, 기상 상황에 따라 시속 10km 안팎으로 운항할 때도 종종 있다고 선원은 설명했다. 페초라 지역 운항사는 우리가 이용했던 트란스-세베르사를 제외하고도 몇

개의 회사가 더 있는데, 운항하는 선박 규모는 대체로 비슷하다.

여객 운송은 자동차로 여행하려는 가족 단위 승객들이 대부분이었다. 나리얀마르 주민들은 비용 절감을 위해 비행기를 이용하는 대신 차와 선박을 이용해 여행하는 때도 있다. 나리얀마르에는 현재 철로가 연결되어 있지 않아서 도로 사정이 좋지 않아 차가 다닐 수 없는 여름에는 비행기가 아니면 선박이 유일한 선택이다. 이 여객 문제로 해운회사들과 규제 당국의 여객 안전과 교통 접근성 관련 논의가 2018년에 진행되기도 했다.

배를 타고 가면서 본 페초라강의 풍경은 단조로웠다. 기암괴석이나 석주가 있는 풍경과는 거리가 멀다. 그러나 넓은 강과 펼쳐진 들판의 식생 변화를 구경하는 것도 나름대로 운치가 있었다. 그리고 무엇보다 강 좌우로 드문드문 보이는 마을들이 눈길을 끌었다. 페초라강 주변 정착촌들은 농업과 목축업, 어업을 주업으로 삼고 있으며 그 외에는 우스트-칠마 등 규모가 조금 큰 지역 중심지에서는 강변 너머로 루코일 석유 저장소를 볼 수 있었다. 놀라웠던 점은 아무리 작은 마을이라도 강변 근처에 주거지가 보일 때는 반드시 핸드폰 인터넷 데이터를 사용할 수 있었다는 사실이다. 모바일 광대역 인터넷 사용 인구 비율이 87%(2018년 기준)로 최근 10년간 엄청난 성장세를 보였다는 수치상의 사실을 페초라강 한 가운데서 새삼스럽게 체감했다.

7월 25일 오전 네네츠자치구 수도 나리얀마르에 가까워졌다. 강에서 보는 나리얀마르 항구는 규모가 크지 않았고 멀리서 봐도 오래된 크레인들이 군데군데 보였다. 예상 시간보다 1시간 정도 더 일찍 도착해 11시 전에 하선할 수 있었다. 약 사흘에 걸친 보르쿠타에서 나리얀마르까지 긴 여정이 마침내 끝나는 순간이었다.

사흘간 여정은 러시아 북부에서 사람들이 어떻게 도시 간을 이동

나리얀마르 항구 모습 (사진: 이양경)

하는지, 물류가 어떻게 움직이는지를 알 수 있는 시간이었다. 북극 항로를 활성화하려면 철도와 육로 운송, 내륙 수운의 물류, 교통 인프라 개발이 함께 이루어져야만 가능하다. 향후 820억 달러를 북극권 인프라 확충에 투자하겠다는 러시아 정부의 발표도 이런 부분을 고려하고 있기 때문이다. 그리고 생활에 더 밀접한 여객 운송 부분에서 북극권 주민의 삶의 질 향상을 위해 현재 존재하는 교통망 보수와 개선이 필요하다고도 강조할 수 있을 것이다. 그러나 한편으로는 외부인의 눈으로는 찾기 어려운 부분도 있었다. 다시 말해 북극 도시 간을 연결하는 물리적 연결망이 도시 간 택시와 지역 해운회사 여객선 등 여러 가지 방법으로 이어져 있는 모양을 볼 수 있었다.

여행을 마친 지금 '모스크바는 러시아가 아니고 러시아는 모스크바가 아니다'라는 말을 다시 한번 떠올리게 된다. 그렇다면 러시아 북극은 무엇이고 어떤 일이 벌어지고 있는가? 코미공화국 보르쿠타에서 네네츠자치구 나리얀마르까지 일반적으로는 비행기를 갈아타며 하루만에 도착하는 방법 대신 선택한 철도와 육로와 선박을 이용한 대장정은 그 해답을 찾을 수 있는 귀중한 불편함이자 필요한 시간이었다.

제3부

러시아 북극 북서 지역의 시각 이미지

북서 지역 인포그래픽

러시아 북극의 범위

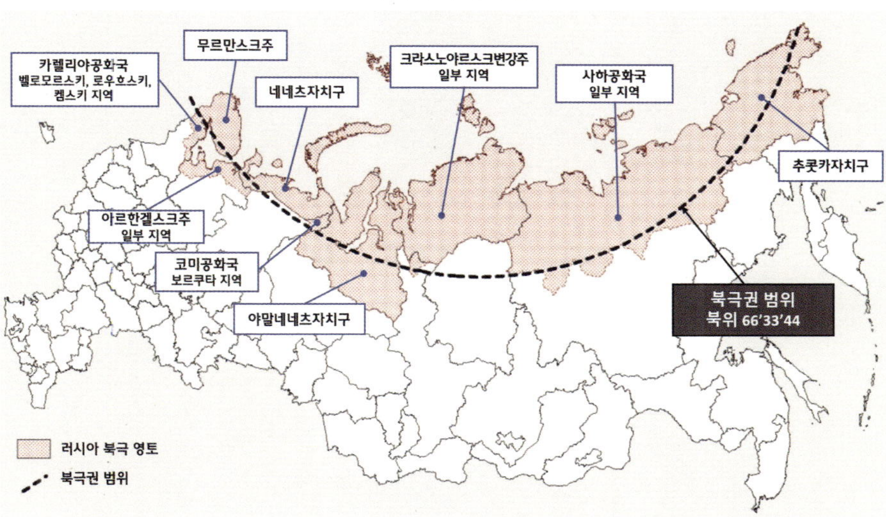

러시아 북극의 북서 지역

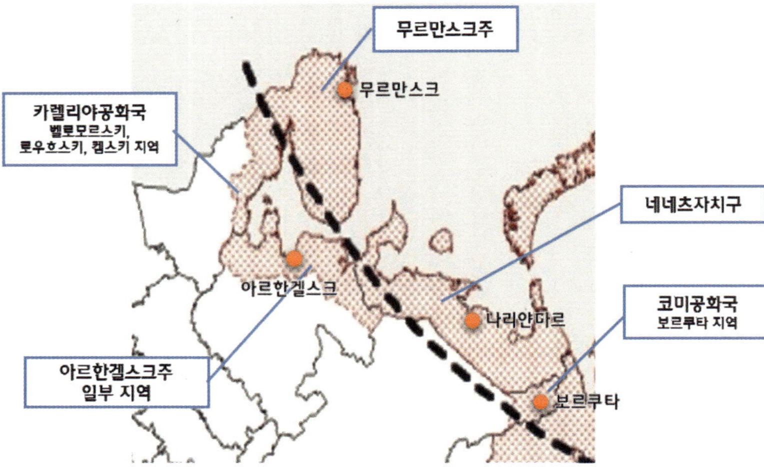

북극 토착민족 분포 현황

러시아 북극 북서 지역 토착민족

러시아 북극 주요 항만

북극권 환적항

러시아 북극 북서 지역 유전 및 가스전

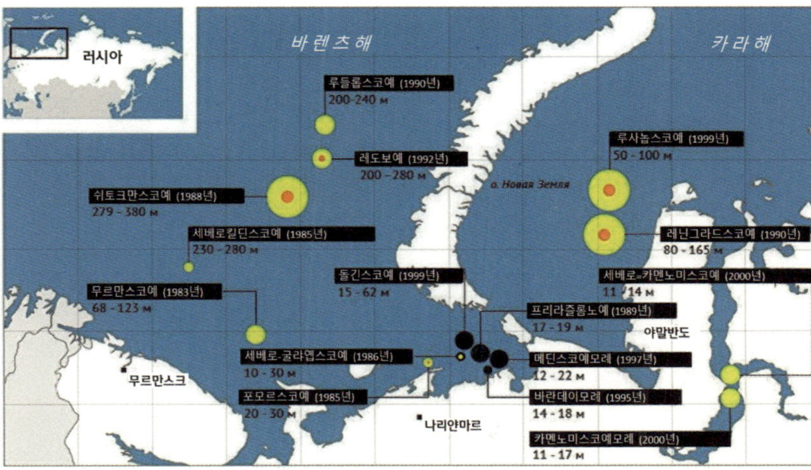

매장지 분류

- **희소** 원유 3억 톤 또는 가스 5000억 m³ 이상
- **대형** 원유 3000만~3억 톤 또는 가스 300억~5000억m³
- **중형** 원유 300만~3000만 톤 또는 가스 300억 m³

루들롭스코예(1990년) 200-240m — 이름, 생산시작년도, 수심

- 석유
- 원유 · 가스 콘덴세이트
- 가스 콘덴세이트
- 가스

숫자로 본 북극

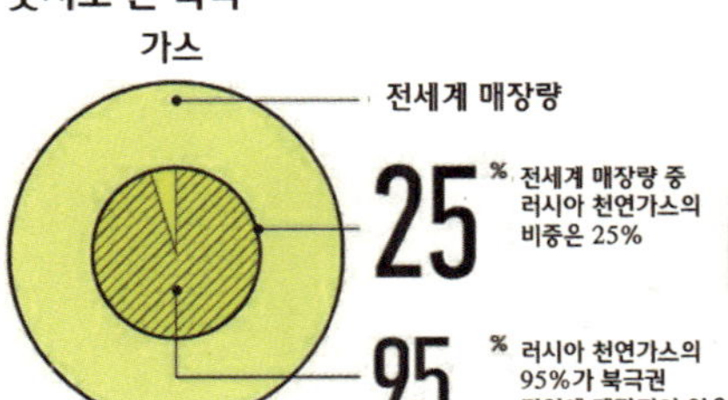

러시아 북극권 북서 지역 유네스코 세계문화유산

북서 지역 유네스코 세계문화유산 지도(키지, 솔롭키 등)

솔로베츠키제도

코미 원시림

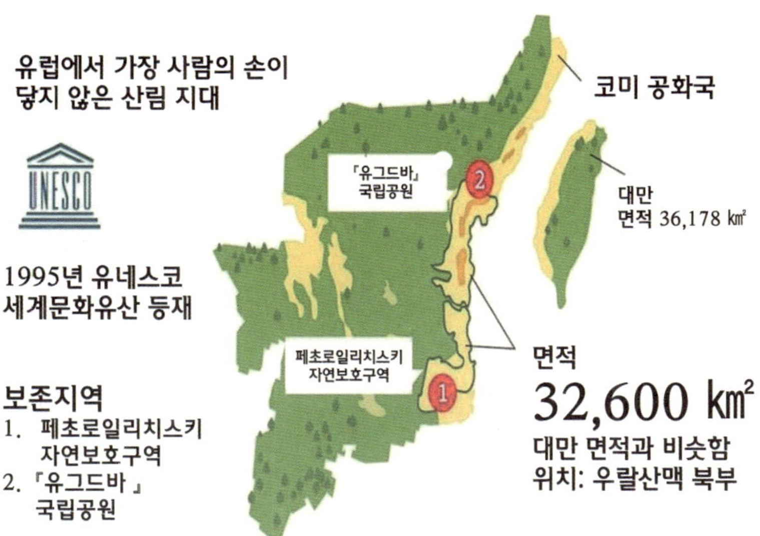

나리얀마르

나리얀마르시 청사

나리얀마르시 청사 앞 깃발 게양대

'사랑해요 나리얀마르' 조형물

나리얀마르 우체국 건물

나리얀마르 시내 버스정류장

거리 풍경

пл. Ленина

나리얀마르 시내 '북극' 문화비즈니스센터

나리얀마르 시내 공원의 네네츠인과 순록 기념비

나리얀마르 블라고야블렌스키 사원 앞 이정표

나리얀마르 향토박물관 외부 모습

나리얀마르 향토박물관 내부 전시관

나리얀마르 시내 석유 채굴 기념 공원의 네네츠자치구 유전 지도 조형물

나리얀마르 시내 석유 채굴 기념 공원의 러시아 북극 최초 탐사 지질학자 동상

나리얀마르 툰드라 풍경

외곽 벌판에 방목 중인 순록

툰드라에 버려진 순록 뿔

툰드라에 자라는 야생 버섯

나리얀마르 페초라강 풍경

나리얀마르 페초라강 선착장

나리얀마르 페초라강 항구

GANZ

무르만스크 기념 조형물

'사랑해요 무르만스크' 조형물

무르만스크 아지무트 북극 호텔 앞 광장

Волна

무르만스크 시내 아지무트 북극 호텔

АРКТИКА
ДЕЛОВОЙ ЦЕНТР

무르만스크 시내에 기념관으로 서 있는 옛 등대

북극권 표시 조형물

평시 희생 잠수함 승조원 기념비

북극 정복자 기념비

전승기념공원에 서 있는 소련군 병사 알료사 동상

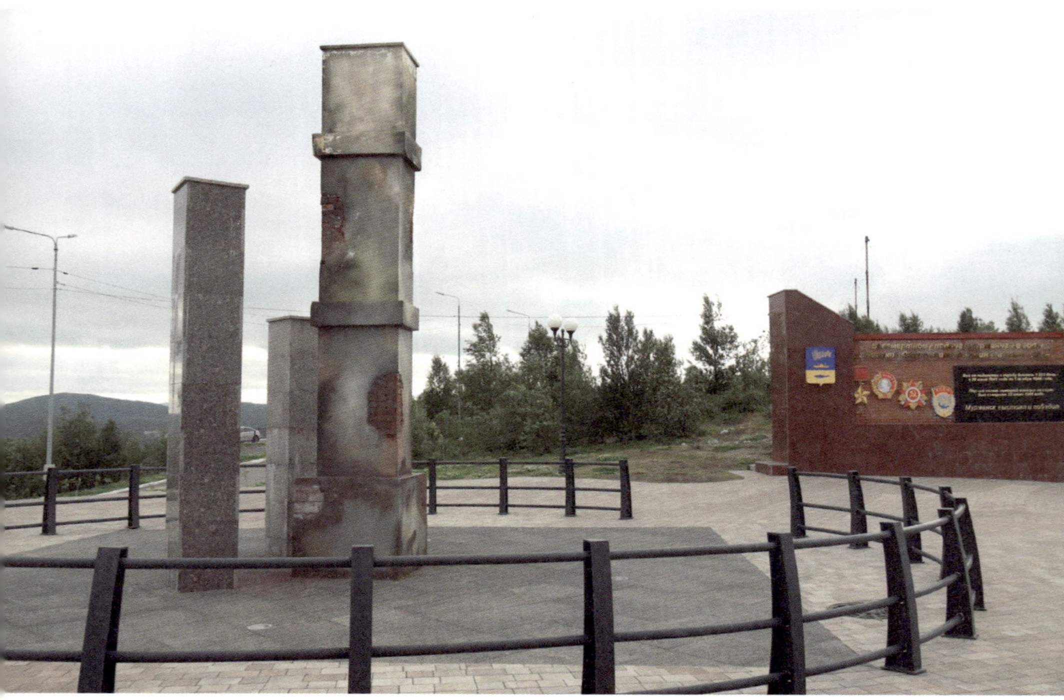

무르만스크 시내 전쟁 기념 공원

아지무트 북극 호텔 건너편 작은 공원에 설치되어 있는 정치박해 희생자 추모비

무르만스크 항구 전경

무르만스크 항구에 박물관으로 보존된 세계 최초 핵쇄빙선 레닌호

무르만스크시에서 바렌츠해 연안 항구 마을 테리베르카로 가는 도로와 북극 툰드라 풍경

무르만스크시에서 바렌츠해 연안 항구 마을 테리베르카로 가는 길에 보이는 북극 툰드라 풍경

무르만스크 항구 마을 테리베르카의 학교 건물

테리베르카의 카페 벽면 장식물

테리베르카의 카페에 걸려 있는 여우 가죽

테리베르카의 배 공동묘지

무르만스크 항구 마을 테리베르카 부근 북극 바렌츠해 풍경

무르만스크 항구 마을 테리베르카 부근 북극 바렌츠해 풍경

무르만스크주 키롭스크시 시계탑

무르만스크주 키롭스크시 유럽식 건물

보르쿠타

보르쿠타 시내 거리 풍경

보르쿠타 광산기술대학교 본관 건물

보르쿠타 문화궁전

보르쿠타 시내 건물 벽화

보르쿠타 시내 공원

보르쿠타 시내 공원 내 순록 동상

보르쿠타 시내 진입로에 설치된 북위 67도 기념 조형물

보르쿠타 시내 레닌 동상

보르쿠타 탄광 입구

보르쿠타 교외 광산 마을의 석탄 조형물

보르쿠타 탄광 붕괴 사고 희생자 추모 기념비

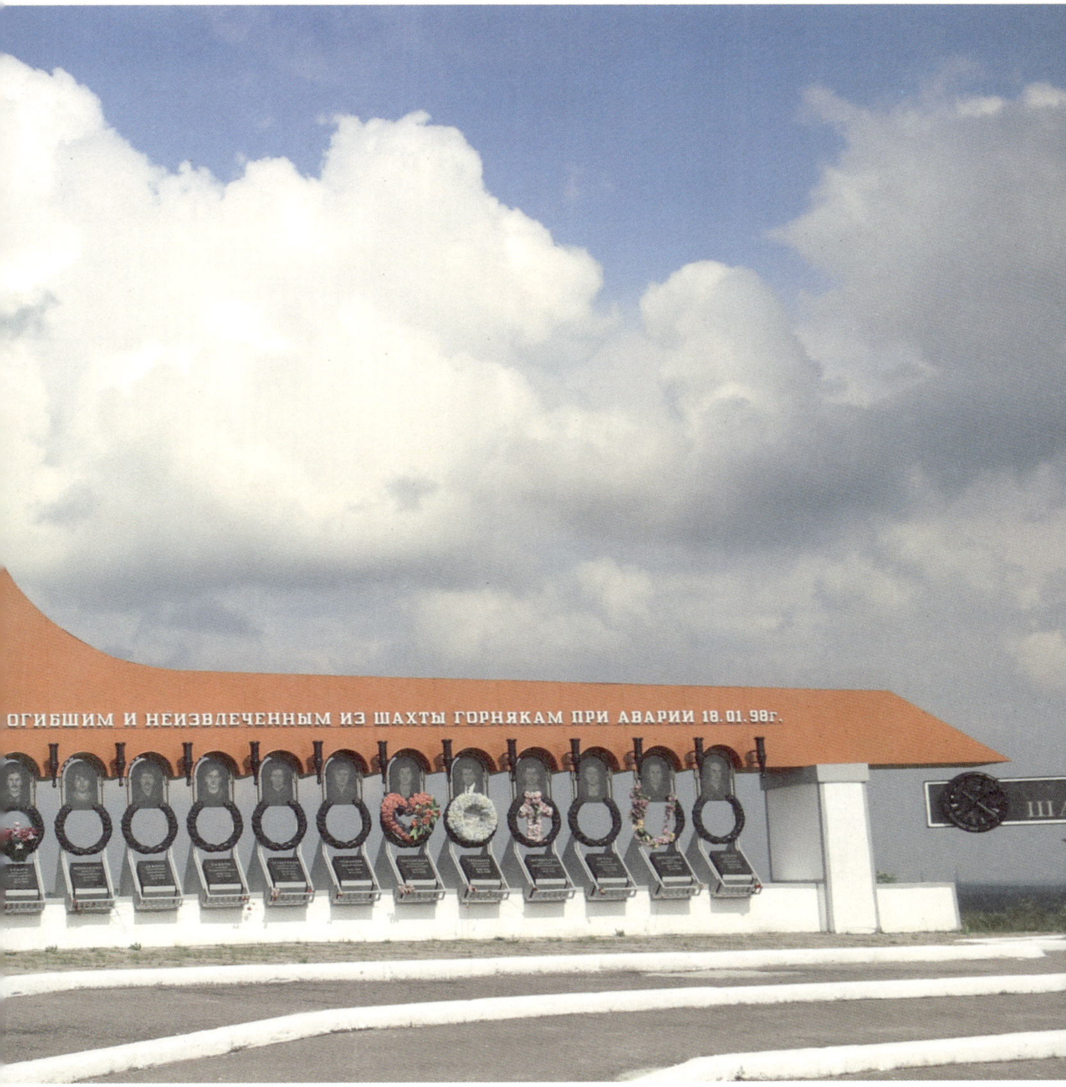
ОГИБШИМ И НЕИЗВЛЕЧЕННЫМ ИЗ ШАХТЫ ГОРНЯКАМ ПРИ АВАРИИ 18.01.98Г.

보르쿠타 탄광 붕괴 사고 희생자 추모 기념비

보르쿠타 굴라크(강제노동수용소) 희생자 추모비

보르쿠타 전승기념 공원

보르쿠타 굴라크(강제노동수용소) 희생자 묘지

보르쿠타 스타하노프 운동 기념비

보르쿠타 시내 주택

보르쿠타 시내의 건물 벽면에 '세계에 평화를'이라고 쓰여 있는 주택

보르쿠타 시내의 버려진 동네 건물들

보르쿠타 외곽 마을의 버려진 동네 건물들

2019 보르쿠타 북극 마라톤 대회

67-ПАРАЛЛЕЛЬ
2019
АРКТИЧЕСКИЙ
МАРАФОН
ГАЗПРОМ
ТРАНСГАЗ
УХТА
ВОРКУТА
СТАРТ
ПРОДУКТЫ

아르한겔스크

아르한겔스크 북부(북극)연방대학교
본관 건물과 로모노소프 기념 동상

본관 내부의 로모노소프 기념 동상

아르한겔스크 시내 정류장에서 버스를 기다리고 있는 사람들

방송국 건물과 송신탑

표트르 대제 기념 동상

북극 개척자 기념 동상

아르한겔스크 북극 개척 박물관에 전시돼 있는 북극 주제 그림

아르한겔스크 북극 개척 박물관

한겨울 아르한겔스크 전통 거리를 걷는 사람들

아르한겔스크 시내 러시아 정교회 건물

얼어붙은 북드비나강을 건너는 사람들

아르한겔스크 무역항 입구

아르한겔스크 말리예 콜레리 야외 건축 박물관

아르한겔스크 북드비나강에 정박해 있는 북극 탐사선 몰차노프 교수호

아르한겔스크 솔롭키 제도에 있는 유네스코 세계문화유산 수도원

아르한겔스크 솔롭키 제도에 있는 굴라크(강제노동수용소) 박물관 내부

아르한겔스크 솔롭키 제도에 있는 굴라크(강제노동수용소) 박물관 건물

아르한겔스크 솔롭키 제도에 있는 정치박해 희생자 추모 공원

아르한겔스크 솔롭키 제도에 있는 정치박해 희생자 추모 공원 기념비

아르한겔스크 솔롭키 제도에 있는 옛 굴라크 터

수목원 진입로

수목원을 방문한 사람들

아르한겔스크 솔롭키 제도에 있는 수목원의 오래된 예배당

수목원의 정교회 사제 별장

페트로자보츠크

카렐리야공화국 수도 페트로자보츠크 기차역

페트로자보츠크 중심가에 있는 KFC 매장

'사랑해요 페트로자보츠크' 조형물

페트로자보츠크에 있는 러시아 전통 음식점 실내 풍경

페트로자보츠크 레닌 동상

페트로자보츠크 거리 풍경

표트르 대제 기념 동상

오네가 호숫갓의 조형물

2019년 여름 보수 공사 중인 카렐리야공화국 수도 페트로자보츠크 기차역

카렐리야공화국 수도 페트로자보츠크 기차역 플랫폼

유네스코 세계문화유산으로 등재된 카렐리야 키지섬 목조 교회 전경

유네스코 세계문화유산으로 등재된 카렐리야 키지섬 목조 교회

키지섬에서 목조 교회를 그리고 있는 화가

러시아 북극의 인문공간 I

북서부 편

초판 인쇄	2020년 1월 6일
초판 발행	2020년 1월 13일
지은이	최우익 · 라승도 · 김봉철 · 이양경
발행인	김인철
총괄 · 기획	가정준 Director, University Knowledge Press
편집장	신선호 Executive Knowledge Contents Creator
기획 · 물류	이현진 Planning Expert
사전 · 도서편집	정준희 Contents Creator
전자책 · 도서편집	장혜린 Contents Creator
도서편집	이병철 Contents Creator
	이근영 Contents Creator
재무관리	하누리 Managing Creator
발행처	한국외국어대학교 지식출판콘텐츠원 02450 서울특별시 동대문구 이문로 107 전화 02)2173-2493~7 팩스 02)2173-3363 홈페이지 http://press.hufs.ac.kr 전자우편 press@hufs.ac.kr 출판등록 제6-6호(1969. 4. 30)
디자인 · 편집	디자인퍼브 02)2254-4308
인쇄 · 제본	네오프린텍(주) 02)718-3111

ISBN 979-11-5901-775-9 94920 정가 30,000원
979-11-5901-776-6 (세트)

*잘못된 책은 교환하여 드립니다.

HUiNE 은 한국외국어대학교 지식출판콘텐츠원의 어학도서, 사회과학도서, 지역학 도서 Sub Brand이다. 한국외대의 영문명인 HUFS, 현명한 국제전문가 양성(International +Intelligent)의 의미를 담고 있으며, 휴인(携引)의 뜻인 '이끌다, 끌고 나가다'라는 의미처럼 출판계를 이끄는 리더로서, 혁신의 이미지를 담고 있다.